Xpert.press

Die Reihe **Xpert.press** vermittelt Professionals
in den Bereichen Softwareentwicklung,
Internettechnologie und IT-Management aktuell
und kompetent relevantes Fachwissen über
Technologien und Produkte zur Entwicklung
und Anwendung moderner Informationstechnologien.

Wolfgang W. Osterhage

sicher & mobil

Sicherheit in der drahtlosen Kommunikation

 Springer

Dr. Wolfgang W. Osterhage
Finkenweg 5
53343 Wachtberg-Niederbachem
Deutschland
wwost@web.de

ISSN 1439-5428
ISBN 978-3-642-03082-6   e-ISBN 978-3-642-03083-3
DOI 10.1007/978-3-642-03083-3
Springer Heidelberg Dordrecht London New York

Die Deutsche Nationalbibliothek verzeichnet diese Publikation in der Deutschen Nationalbibliografie;
detaillierte bibliografische Daten sind im Internet über http://dnb.d-nb.de abrufbar.

Einbandentwurf: KuenkelLopka GmbH, Heidelberg

Gedruckt auf säurefreiem Papier

Springer ist Teil der Fachverlagsgruppe Springer Science+Business Media (www.springer.com)

Inhaltsverzeichnis

Abkürzungen

AAI	Authentication Algorithm Identification
ACL	Asynchronous Connectionless Link
AES	Advanced Encryption Standard
ANSI	American National Standard Institute
ARP	Address Resolution Protocol
ASCII	American Standard Code for Information Exchange
AUC	Authentication Center
BDA	Bluetooth Device Address
BDGS	Bundesdatenschutzgesetz
BES	BlackBerry Enterprise Server
BMVIT	Bundesministerium für Verkehr, Innovation und Technologie
BSC	Base Station Controller
BSI	Bundesamt für Sicherheit in der Informationstechnik
BSS	Basic Service Set
BTS	Base Tranceiver Station
CCK	Complementary Code Keying
CD	Compact Disk
CEPT	Conference Europeenne des Postes et Telecommunicationes
CF	Compact Flash
CRC	Cyclic Redundancy Check
CSMA	Carrier Sence Multiple Access
CSMA/CA	Carrier Sense Multiple Access with Collision Avoidance
CSMA/CD	Carrier Sense Multiple Access with Collision Detection
CTS	Clear To Send
DFS	Dynamic Frequency Selection
DHCP	Dynamic Host Configuration Protocol
DoS	Denial of Service
DSL	Digital Subscriber Line
DSSS	Direct Sequence Spread Spectrum
DUN	Dialup Network Profile
DVD	Digital Versatile Disc
EAP	Extensive Authentication Protocol

EIR	Equipment Identity Register
EMS	Enhanced Message Service
ESS	Extendet Service Set
ETSI	European Telecommunications Standardisation Institution
EU	European Union
FCC	Federal Communications Commission
FHSS	Frequency Hopping Spread Spectrum
FMC	Fixed Mobile Convergence
FTP	File Transfer Profile
FÜV	Fernmeldeverkehr-Überwachungs-Verordnung
GAP	Generic Access Profile
GFSK	Gaussian Shift Keying
GHz	Gigahertz
GPRS	General Packet Radio Service
GPS	Global Positioning System
GSM	Global System for Mobile Communications
GUI	General User Interface
HID	Human Interface Device Profile
HIPERLAN	High Performance Radio Local Network
HomeRF	Home Radio Frequency
HR/DSSS	High Rate/Direct Sequence Spread Spectrum
HRL	Home Location Register
HSCSD	High Speed Circuit Switched Data
HSDPA	High Speed Downlink Packet Access
HSP	Head Set Profile
IBSS	Independent BSS
ICV	Integrity Check Value
ID	Identifier
IEEE	Institute of Electrical and Electronic Engineers
IMSI	International Mobile Subscriber Identity
IP	Internet Protocol
ISM	Industrial, Scientific, Medical
ISO	International Organisation for Standardisation
IT	Information Technology
ITU	International Telecommunications Union
IuKDG	Informations- und Kommunikationsdienstegesetz
IV	Initialisierungsvektor
Kbit/s	Kilobits per second
kHz	Kilohertz
km	Kilometer
L2CAP	Logical Link Control and Adaption Protocol
LAN	Local Area Network
LLC	Logical Link Control
m	Meter
MAC	Medium Access Control

MAN	Metropolitan Area Network
MBit/s	Megabits per second
MDS	Mobile Data Service
MHz	Megahertz
MIMO	Multiple Input Multiple Output
MMS	Multimedia Message Service
MPDU	MAC Protocol Data Units
MSC	Mobile Switching Center
mW	Milliwatt
NAT	Network Address Translation Protocol
OFDM	Orthogonal Frequency Division Multiplexing
OpenSEA	Open Secure Edge Access
OSI	Open Systems Interconnection Model
PC	Personal Computer
PCI	Peripheral Component Interconnect
PCMCIA	Personal Computer Memory Card International Association
PDA	Personal Digital Assistent
PHY	Physical Layer
PIM	Personal Information Manager
PIN	Personal Identification Number
PPPoE	Point to Point Protocol over Ethernet
QAM	Quadrature Amplitude Modulation
RADIUS	Remote Authentication Dial In User Service
RC4	Rivest Cipher No. 4
RFCOMM	Radio Frequency Communication
RFID	Radio Frequency Identification
RIM	Research In Motion
ROM	Random Access Memory
RSN	Robust Security Network
RTS	Request To Send
S/MIME	Secure/Multipurpose Internet Mail Extensions
SAP	SIM Accessy Profile
SCO	Synchronous Connection Oriented
SDMA	Spatial Division Multiple Access
SDP	Service Discovery Protocol
SIG	Special Interest Group
SigG	Signaturgesetz
SIM	Subscriber Identity Module
SMS	Short Message Service
SPAM	Spiced Pork And Meat
SPIT	SPAM over Internet Telephony
SSID	Server Set Identifier
SSL	Secure Sockets Layer
TCP/IP	Transmission Control Protocol/Internet Protocol
TCS	Telephony Control Protocol Specification

TDK   Teledienstegesetz
TDSV   Teledienste-Datenschutzverordnung
TKG   Telekommunikationsgesetz
TKIP   Temporal Key Integrity Protocol
TPC   Transmit Power Control
UMA   Unlicensed Mobil Access
UMTS   Universal Mobile Telecommunications System
USB   Universal Serial Bus
VLR   Visitor Location Register
VoIP   Voice over IP
VPN   Virtual Private Network
WAP   Wireless Application Protocol
WECA   Wireless Ethernet Compatibility Alliance
WEP   Wired Equivalent Privacy
Wi-Fi   Wireless Fidelity
WIMAX   World Wide Interoperability for Microwave Access
WLAN   Wireless Local Area Network
WMAN   Wireless Metropolitan Network
WPA   Wi-Fi Protected Access
WPS   Wireless Provisioning Service
XOR   eXclusive OR

Kapitel 1
Einführung

Das vorliegende Buch gibt in komprimierter Form, aber dennoch umfassend, den aktuellen Stand der drahtlosen Kommunikationstechnologie wieder. Besondere Aufmerksamkeit erfahren dabei die Sicherheitsaspekte. Berücksichtigung finden folgende Themenkomplexe:

- WLAN
- PDAs
- Mobiltelefonie und
- Bluetooth.

Keine Berücksichtigung haben zunächst gefunden:

- Infrarot
- Abstrahlung
- VoIP im Detail
- Skype.

Da WLAN das umfassendste und grundlegende Thema ist, sind ihm drei Kapitel gewidmet: Grundlagen, Geräte und Konfiguration. Alle anderen Themen werden in den darauf folgenden Kapiteln jeweils für sich abgehandelt. Es ist nicht unbedingt erforderlich, das ganze Buch zu lesen, wenn man sich beispielsweise für Sicherheitsprobleme beim Mobilfunk interessiert. Die Kapitel sprechen in der Regel für sich.

Nach den technologischen Grundlagen werden die möglichen Bedrohungsszenarien vorgestellt, gefolgt von den organisatorischen und technischen Gegenmaßnahmen. Sowohl Bedrohungsszenarien als auch Gegenmaßnahmen können sich für unterschiedliche Themenkomplexe bzw. Technologien (z. B. PDAs und Mobilfunk) gelegentlich überlappen. Da das Buch nach Technologien und nicht nach Sicherheitsaspekten gegliedert ist, sind mitunter Redundanzen sichtbar. Das ist so gewollt, da die einzelnen Kapitel ja für sich genommen sprechen sollen.

Ähnliches gilt für die umfangreichen Checklisten, die mitgeliefert werden. Vom Grundaufbau her beginnen sie immer mit strategischen Ansätzen, um dann mehr und mehr auf technische Details einzugehen. Die Checklisten sind als zweispaltige Tabellen ausgeführt. In der linken Spalte erscheinen Fragen, die rechts erläutert

W. W. Osterhage, *sicher & mobil,*
DOI 10.1007/978-3-642-03083-3_1, © Springer-Verlag Berlin Heidelberg 2010

werden (warum ist etwas beachtenswert?). Bei sicherheitsrelevanten Fragen, hinter denen ernsthafte Bedrohungen liegen können, erfolgt in der Zeile darunter in kursiv ein erweiterter Hinweis, der auch als Warnung verstanden werden kann. Jeder Technologie ist am Schluss des Kapitels eine solche Checkliste zugeordnet. Die Checkliste für WLAN für alle drei Kapitel erscheint erst am Ende des dritten Kapitels.

Für viele Sicherheitsprobleme werden auch organisatorische Maßnahmen angeboten. Deshalb ist an einigen Stellen auch von Richtlinien die Rede. In den Kapiteln über PDAs und Mobiltelefone werden jeweils einfache Richtlinien als Durchführungsbestimmungen vorgestellt. Im letzten Kapitel wird eine umfassende Richtlinie, die in eine unternehmensstrategische Gesamtdokumentation eingebettet werden kann, strukturell vorgestellt. Die einleitenden Abschnitte können mehr oder weniger wie präsentiert übernommen werden, für die Technologie-spezifischen Teile wird ein Raster vorgegeben, dass sich aus dem inhaltlichen Material der Vor-Kapitel füttern lässt.

Obwohl viele Beispiele und Szenarien aus dem Alltag von Organisationen und Unternehmen stammen, auch etliche organisatorische Lösungsansätze, sind die beschriebenen Sicherheitsprobleme ebenso relevant für die Nutzung von drahtloser Kommunikation im privaten Bereich. Die meisten Fragen in den Checklisten treffen auf die einzelne Station zuhause wie auf große Rechnerverbünde in Firmen zu. Das gilt gleichermaßen auch für die technischen Gegenmaßnahmen.

Als weitere praktische Hilfe werden Konfigurationsdialoge für WLAN-Geräte, PDAs und Bluetooth-Geräte dokumentiert. Beispielhaft für eine besondere Geräteklasse werden BlackBerries behandelt, die eine eigene Sicherheitsphilosophie mit sich bringen. Ansonsten ist der Versuch unternommen worden, den neuesten Stand der Technologie, soweit sie in den breiten Markt gedrungen ist, zu berücksichtigen. Angesichts der Kurzlebigkeit von Technologien kann das wiederum auch nur eine Momentaufnahme sein, die hoffentlich dennoch einen gewissen Bestand haben wird.

Kapitel 2
Grundzüge des WLAN

Die Vernetzung von Computern und deren Komponenten hat sowohl für Organisationen als auch private Nutzer eine neue Qualität durch den Einsatz von drahtlosen Übertragungen erreicht. Am vorläufigen Ende dieser Entwicklung steht das WLAN mit seinen ihm eigenen Sicherheitsanforderungen, die Gegenstand dieses und der beiden folgenden Kapitel sein sollen. WLAN steht für *Wireless Local Area Network* oder „drahtloses lokales Netzwerk" oder „drahtloses lokales Funknetz".

2.1 Kabel oder drahtlos?

Verkabelung bindet Systeme und User an feste Orte, während drahtlose Anwendungen den Anwender von Leitungssystemen befreit. Er wird auch im Hinblick auf seine IT-Systeme mobil. Optisch scheint sich sein Arbeitsplatz von sterilen Büroräumen hin zur Gartenlaube zu wandeln (wenn man entsprechenden Werbespots Glauben schenken will). Und überall auf der Welt kann man sich – ganz so wie mit dem Mobiltelefon – an jedem beliebigen Ort ins Firmennetz einklinken, vorausgesetzt, es sind genügend Hotspots in der Nähe. So ganz ist diese Vision zwar noch nicht realisiert, aber in Teilen ist sie doch schon Wirklichkeit – mit all den Sicherheitsproblemen, die das mit sich bringt.

2.1.1 Mobilität

Neben den Veränderungen in den Arbeitsprozessen, die durch den Einsatz von Mobiltelefonen eingetreten sind, ergeben sich durch die Möglichkeiten einer mobilen Vernetzung weitere Entwicklungsschübe. So gibt es eine Vielzahl von Arbeitsfeldern, die sich für mobile Anwendungen anbieten, bzw. die ohne eine solche heute fast nicht mehr denkbar sind: Großbaustellen, Logistikunternehmen, große Lagerhäuser, Supermärkte, aber auch im Klinikbereich, wo dezentrale medizinische Daten lebensrettend sein können. Ein weiterer Vorteil mobiler Datenkommunikation liegt in der Abwicklung unterbrechungsfreier Prozesse. Man braucht nicht an

W. W. Osterhage, *sicher & mobil,*
DOI 10.1007/978-3-642-03083-3_2, © Springer-Verlag Berlin Heidelberg 2010

seinen Stammarbeitsplatz zurück zu kehren, um Informationen zu suchen, sondern kann sie dort abfragen, wo sie gerade gebraucht werden.

Unabhängig von Performance-Gesichtspunkten (die aber gelöst werden können) unterscheiden sich in der Praxis für den Enduser LAN- und WLAN-Lösungen nicht. Neben Kriterien wie Mobilität gibt es aber noch weitere Gesichtspunkte, bei denen WLAN-Lösungen vorzuziehen sind: Kostenersparnis bei aufwendigen Verkabelungen – insbesondere bei älteren Gebäuden, bei denen bauliche Strukturen den Aufbau eines Backbone unmöglich machen können. Und natürlich als temporäre Lösungen auf Veranstaltungen, Messen oder zeitlich begrenzter Gruppenarbeit im Projekt, in Unternehmen. Funknetze sind flexibel und zeitnah zu realisieren.

Einen ganz besonderen Aufschwung der WLAN-Anwendungen hat es in letzter Zeit insbesondere auch im privaten, häuslichen Bereich gegeben. Da hier häufig eine professionelle Unterstützung fehlt, ist bei diesen Anwendungen mit erhöhten Sicherheitsrisiken zu rechnen.

2.1.2　Sicherheit

Eine drahtlose Vernetzung setzt sich anderen Gefährdungen aus als Festnetzanwendungen. Das liegt an der verwendeten Form der Datenübertragung per Funk. So können Angreifer z. B. vom Auto auf einem Parkplatz mit einem Notebook und unter Umständen auf Basis einer Chips-Dose mit Antenne die Funkkommunikation im Hause abhören.

Solche Aktivitäten nennt man Wardriving. Im Internet kursieren dazu mittlerweile Webseiten, die ungeschützte WLANs in bestimmten Städten und Regionen auflisten. Deshalb besteht eine gewisse Dringlichkeit zur Absicherung der Funkvernetzung, bzw. zur Entwicklung von entsprechenden Schutzmaßnahmen.

2.1.2.1　Öffentliche und private Netze

Es gibt natürlich eine Vielzahl von Netzen, die der Öffentlichkeit frei zugänglich sind: Internet, Bibliotheken, städtische Informationssysteme und so weiter. Diese Netze enthalten keine vertraulichen Informationen, die komplizierte Zugangsverifikationen benötigen. Geht es aber um Netze im privaten Bereich und um Teile der Informationssysteme von Firmen oder Behörden, kommen zu den aus der klassischen LAN-Welt bekannten Sicherheitsproblemen völlig neue Gefährdungen hinzu. Diese Gefährdungen liegen in der Natur des Übertragungsmediums begründet. Radiowellen sind abhörbar und können von außen massiv gestört werden.

2.1.2.2　Die Anfänge der Sicherheit im WLAN

Von Anfang an war das Bewusstsein der zusätzlichen Gefährdung von WLANs bei den Entwicklern der zugehörigen Standards vorhanden. So wurden auch entsprechende Verfahren mitgeliefert, die dem Rechnung tragen sollten. Das bekannteste frühe Verschlüsselungssystem läuft unter der Bezeichnung WEP. WEP erwies sich aber schon bald als unzureichend. Mittlerweise werden entsprechende Hacking-Tools im Internet angeboten, mit denen man WEP relativ leicht knacken kann.

Verbesserung gab es im Jahre 2004 mit dem Standard 802.11i der IEEE. Das Problem heute ist allerdings, dass noch immer zahlreiche Komponenten im Gebrauch sind, die die angebotenen Lösungen nicht unterstützen. Dazwischen gibt es Lösungen wie zum Beispiel WPA, die eine weite Verbreitung gefunden haben. Dazu weiter unten mehr.

2.2　Funknetze: Grundlagen

WLAN ist die Abkürzung für Wireless Local Area Network. Diese Bezeichnung weist schon darauf hin, das LAN-Funktionalitäten drahtlos bereitgestellt werden. Drahtlos geht allerdings über den reinen klassischen Funkverkehr hinaus und kann auch zum Beispiel den Infrarotbereich (nicht Gegenstand der aktuellen Ausgabe des vorliegenden Buches) mit einbeziehen.

Häufig findet man in realisierten Konfigurationen die Kopplung von WLAN und LAN, wobei WLAN-Komponenten oft Frontends von größeren Anwendungen sind. Die WLAN-Teile stehen solchen Anwendern zur Verfügung, deren Aufgabenstruktur im Unternehmen eine hohe Mobilität voraussetzt. Der Phantasie bei Netzkopplungen sind keine Grenzen gesetzt bis hin zur Verbindung mehrerer LANs zu MANs (Metropolitan Area Networks).

2.2.1　Das Frequenzspektrum

Die physikalischen Unterscheidungsmerkmale bei der Klassifikation der elektromagnetischen Wellen für eine WLAN-Kommunikation sind Frequenz und Wellenlänge. Aus den insgesamt verfügbaren Frequenzen lassen sich bestimmte Frequenzbereiche bzw. Frequenzbänder differenzieren. Die Medien Radio und Fernsehen arbeiten im Bereich der Lang- bis Ultrakurzwellen, der zwischen 30 kHz und 300 MHz liegt. Funknetze, die hier betrachtet werden, bewegen sich zwischen 300 MHz und 5 GHz.

Das erste für diese Zwecke durch die Federal Communications Commission (FCC) zur Lizenz freien Nutzung freigegebene Frequenzband war das sogenannte ISM-Band. Das war im Jahre 1985. ISM steht für: Industrial, Scientific, Medical. Aus diesem Band bedienen sich die WLANs – und zwar zwischen 2,4 und 5 GHz. Das war der Startschuss für die Entwicklung entsprechender Komponenten durch die Privatindustrie.

2.2.2   Die Standards: Grundsätzliches

Die IEEE mit ihrer weltweiten Mitgliedschaft von Ingenieuren und Wissenschaft-
lern interessierte sich ab Ende der achtziger Jahre dafür, die fehlenden Standards aus
der Welt zu schaffen. Und so wurde unter der nunmehr berühmten Nummer 802.11
im Jahre 1997 ein erster WLAN-Standard veröffentlicht. Dieser wurde im Laufe
der Jahre immer wieder ergänzt, und die Ergänzungen über angehängte Kleinbuch-
staben differenziert.

1999 kamen bei der IEEE zwei neue Standards heraus: der 802.11a und der
802.11b. Der letztere entwickelte sich zum heute am meisten verbreiteten Standard.
Dabei wird das gesamte Spektrum von privaten, industriellen und öffentlichen Anwendungen inklusive Hotspots abgedeckt. Die nominelle Übertragungsrate unter
802.11b geht von 11 Mbit/s aus. Davon wird allerdings ein signifikanter Anteil für
Protokoll-Overheads benötigt. Der Standard bewegt sich im 2,4 GHz-Frequenzbe-
reich unter Nutzung des HR/DSSS-Verfahrens.

Als weiterer wichtiger Standard wurde im Jahre 2003 der 802.11g freigegeben.
Dieser lässt bereits Übertragungsraten von bis zu 54 Mbit/s zu. In einem anderen
Frequenzbereich – nämlich 5 GHz – arbeitet der 802.11a. Um die Übersicht zu ver-
vollständigen: 2004 kam 802.11i heraus mit zusätzlichen Sicherheitsfeatures. Die
Details werden weiter unten abgehandelt.

2.2.3   Die Symbiose: Computer- und Funktechnologien

Alles, was unter 802.11 deklariert ist, gehört seinerseits wiederum als Untergruppe zu den LAN/MAN-Standards unter 802 allgemein. Ursprünglich war an Übertragungsraten von 1 bis 2 Mbit/s für Komponenten in drahtlosen Netzen gedacht.
Dazu wurden funktechnisch zwei unterschiedliche Frequenzspreizverfahren in Be-
tracht gezogen: das Frequenzy Hopping Spread Spectrum (FHSS) und das Direct
Sequence Spread Spectrum (DSSS).

Spätere Versionen von 802.11 visierten für Funkverbindungen Übertragungsraten von 11 bzw. 54 Mbit/s an. Dazu werden andere Technologien der Frequenzmo-
dulation eingesetzt: High Rate Sequence Spread Spectrum (HR/DSSS) und Orthogonal Frequency Division Multiplexing (OFDM).

2.2.3.1   Vorteile von ISM

Standards haben den Vorteil, dass Komponenten unterschiedlicher Hersteller miteinander kommunizieren können. Das gilt natürlich auch für den 802.11. Voraussetzung ist allerdings wie überall, dass diese eben Standard konform sind. Der Vorteil
der Nutzung des ISM-Bandes besteht im Wesentlichen darin, dass dieses Band fast
überall auf der Welt lizenzfrei genutzt werden kann, ohne dass sich kommerzielle

Provider dazwischenschalten. Der Vorteil für private Nutzer ergibt von selbst, aber auch öffentliche Netze profitieren vom Wegfall jeglicher Lizenzgebühren. Ohne die sonstigen bürokratischen Overheads lassen sich auf diese Weise temporäre Netze z. B. für Messen oder Events zeitnah aufbauen.

Aber im ISM tummeln sich nicht nur WLAN-Komponenten, sondern alle möglichen anderen nützlichen Geräte. Dazu gehören medizinisch-technische, Mikrowellenherde, Fernsteuerungen etc. Das bedeutet, dass in der Nähe solcher Geräte die WLAN-Kommunikation anfällig für Störungen innerhalb dieses Frequenzbandes ist. Dagegen müssen Vorkehrungen getroffen werden.

2.2.3.2 WLAN-Komponenten

Zum Aufbau eines WLAN sind bestimmte technische Komponenten erforderlich. Diese werden im Detail weiter unten beschrieben. Die Komponenten werden eingesetzt, um eine Organisation oder Teilbereiche davon mit einem Funknetz abzudecken. Andererseits können sie dazu dienen, im Einzelfall mobile Endgeräte in bestimmten Lokationen z. B. in einem Unternehmen mit einer zentralen Anwendung zu verbinden. Oder aber die Nutzung eines WLANs wird für fremde Teilnehmer kommerziell angeboten.

Grundvoraussetzung sind Netzwerkadapter, die entweder fest oder austauschbar auf den mobilen Endgeräten installiert sind. Je nach Gerät werden unterschiedliche Adapter benötigt. So werden bei Notebooks häufig USB-Adapter oder PCMCIA-Karten eingesetzt. Damit diese funktionieren, müssen die zugehörigen Treiber zum Senden und Empfangen vorhanden sein. Bei zeitgemäßen Notebooks sind WLAN-Komponenten sowie Treiber Teil der integrierten Standardauslieferung. Das gleiche gilt auch für PDAs (dazu gibt es ein gesondertes Kapitel).

2.2.3.3 Access Points

Je nach Netzarchitektur können mobile Endgeräte untereinander kommunizieren oder aber sich über stationäre Einheiten austauschen, die auch gleichzeitig Gateways zu einem LAN bilden können. Diese Komponenten heißen Access Points. Access Points können als stand alone Komponenten ausgeliefert werden oder sind Teil eines anderen Gerätes mit umfassenderem Funktionsumfang. Dazu gehören zum Beispiel: Router, Hubs, DHCP-Server oder DSL-Modems. Dabei kann gleichzeitig auch die NAT-Funktion mit eingebaut sein. Network Address Translation ermöglicht die Kommunikation über unterschiedliche IP-Adressen innerhalb des Netzwerks, zeigt das gesamte Netzwerk aber nur mit einer gemeinsamen IP-Adresse dem Internet an. Dadurch kann der Internetzugang gemeinsam genutzt werden. Gleichzeitig erfüllt dieses Feature die Funktion einer Firewall gegen Zugriffe auf die individuellen Teilnehmer.

Neben der klassischen Hardware-Variante können Access Points aber auch über Software auf einem PC konfiguriert werden.

2.2.4 Senden und Empfangen

Wesentlich bestimmend für das Sende- und Empfangsverhalten im Funkbereich sind Art und Auslegung von den verwendeten Antennen. Standardantennen ermöglichen eine Reichweite von 100–300 m Entfernung. Räumliche und geographische Randbedingungen können diese Werte stark beeinflussen. Das gilt für Antennen, die mit den WLAN-Komponenten ausgeliefert werden. Diese Werte lassen sich durch den Einsatz externer Zusatzantennen erheblich verbessern. Richtfunkantennen erlauben eine Abdeckung über mehrere Kilometer hinaus. Eine solche Erweiterung der Reichweite nennt sich „Antennengewinn". Dabei ist zu beachten, dass die Gesamtsendeleistung für alle Komponenten in Deutschland zulässige Grenzwerte nicht übersteigen darf. Mehr dazu im Abschn. 2.2.4.2.

2.2.4.1 Typen

Man differenziert unterschiedliche Typen von Antennen. Die Klassifizierung erfolgt nach Ausbreitungsmuster und Verstärkungstechnologie. Grundsätzlich wird nach unidirektional und omnidirektional unterschieden. Zu den letzteren gehören Rundstrahlantennen. Richtantennen sind unidirektional. Sie besitzen nur einen eingeschränkten Öffnungswinkel. Das ermöglicht eine größere Reichweite bei gleich bleibender Sendeleistung (Antennengewinn).

Die in WLANs eingesetzten Access Points sind mit Rundstrahlantennen ausgestattet, sofern nicht für extreme Reichweiten dennoch Richtantennen vorgesehen werden. Da der Eigenbau von externen Antennen nach Anleitungen auch im Internet einfach zu bewerkstelligen ist, ergibt sich hier ein erhöhtes Sicherheitsproblem.

2.2.4.2 Leistung

Der 2,4 bzw. 5 GHz Frequenzbereich für eine 802.11 WLAN Konfiguration gehört zu den Ultrakurzwellen, deren Reichweite einige hundert Meter bis einige Kilometer beträgt. Bei Sichtverbindung zwischen Sender und Empfänger bestehen optimale Bedingungen für die Kommunikation.

Trotz der Lizenzfreiheit für das ISM-Band bestehen gewisse Regularien, die Länder spezifisch sind. Das betrifft insbesondere die Sendeleistung. Innerhalb der EU beträgt deren Obergrenze 20 dBm für das 2,4 GHz Frequenzband sowie 30 dBm für das 5 GHz Band bezogen auf die effektive Sendeleistung. Diese Vorschriften können natürlich den Gewinn, den man eventuell durch den Einsatz einer Richtfunkantenne erzielt, wieder zunichte machen, da dann technische Maßnahmen eingesetzt werden müssen, um die Leistung wieder in den konformen Bereich zu drosseln.

2.2.4.3 Interferenzen

Bei der Konzeption und Implementierung von WLANs sind bereits im Vorfeld mögliche Störquellen auszumachen. Funknetze unterliegen anderen Einflussmöglichkeiten von außen als klassische voll verdrahtete Netze. Je nach Rahmenbedingungen müssen entsprechende Lösungen gesucht werden, um solche Störungen auszuschalten.

Die Störungen können grundsätzlich zweierlei Ursachen haben: natürliche atmosphärische Störungen und Störungen, die durch die Technologie fremder Systeme verursacht werden. Zu solchen Systemen gehören – wie bereits oben erwähnt – beispielweise auch Geräte der Unterhaltungselektronik. Diese Interferenzen schlagen natürlich auch in angekoppelte LAN-Systeme durch.

2.2.5 *Geordnete Datenübermittlung*

Die Punkt-zu-Punkt-Verbindung ist die denkbar einfachste Konfiguration zur Übertragung von Informationen. So kann man beispielsweise zwei eigenständige Stationen durch ein Kabel oder – wie in unserem Falle – per Funk zusammenbringen. Die Verbindung folgt immer einer klassischen Sequenz: Aufbau, Kontrolle bzw. Steuerung und Abbau. Sind Modems dazwischen geschaltet, ist eine vorhergehende Synchronisation untereinander erforderlich, bevor überhaupt eine Übertragung stattfinden kann. Die Übertragung selbst unterliegt Sicherheitschecks, um Datenfehler zu vermeiden.

Übertragungen selber bedienen sich dabei technischer Protokolle, die Steuerungsfunktionen übernehmen. Dazu greifen sie auf allen relevanten Kommunikationsebenen ein.

2.2.5.1 Einsatz von Routern

Die nächst komplexere Konfiguration gegenüber einer Punkt-zu-Punkt-Verbindung wird dann erreicht, wenn mehr als zwei Teilnehmer miteinander kommunizieren möchten. Hier taucht dann zuerst der Begriff Netzwerk auf, und damit sind plötzlich ganz andere Voraussetzungen erforderlich, um die Teilnehmer korrekt zu adressieren.

In großen Netzen stehen häufig mehrere Routen zwischen zwei beliebigen Stationen zur Auswahl. Die Selektionsaufgabe für den optimalen Pfad wird von entsprechenden Routern übernommen.

Damit es nicht zu Kollisionen innerhalb des Netzes zwischen zu empfangenden und gesendeten Nachrichten auf dem gleichen Trägermedium kommt, gibt es technische Instrumente, diese zu entdecken und zu verhindern. Dazu dient beispielsweise das Carrier Sense Multiple Access (CSMA) Verfahren, das weiter unten erläutert wird.

2.2.5.2 Nachrichtenpakete

Man unterscheidet bei der Vermittlung von Kommunikation zwei Möglichkeiten:

* Leitungsvermittlung und
* Paketvermittlung.

Leitungsvermittlung spielt eine Rolle in der Telephonie, während sich Datennetze der Paketvermittlung bedienen. Dabei werden die Nachrichten in Blöcke – in Pakete – aufgeteilt wie in Abb. 2.1.

Diese Blöcke haben einen definierten strukturellen Aufbau. Im Wesentlichen sind sie unterteilt in einen Header mit Steuerungsinformationen und den eigentlichen Nachrichtenkörper, der die brauchbare Information enthält. Dem Header sind Absender und Zieladresse bekannt. Beim tatsächlichen Versand nutzt das Netz jeweils optimierte Routen für die einzelnen Datenpakete, die sich aus dem gesamten Datenverkehr ergeben, sodass Blöcke, die zur selben ursprünglichen Nachricht gehören, auf unterschiedlichen Wegen ihr Ziel finden können. Die Pakete werden erst wieder an der Zieladresse vereinigt.

Bei der Paketvermittlung spielt neben der Wegeoptimierung und der damit verbundenen effektiven Nutzung von Netzressourcen auch die Performance eine Rolle. Da die Pakete klein sind, werden Warteschlangen schneller abgebaut. Hier noch einmal die Vorteile dieser Kommunikationsnetze:

* Alle Teilnehmer sind gleichberechtigt
* Fehler werden schnell erkannt
* Erneute Sendung fehlerhafter Pakete
* Kein Verlust von Paketen beim Ausfall einer Station
* Alternative Route zur Zieladresse.

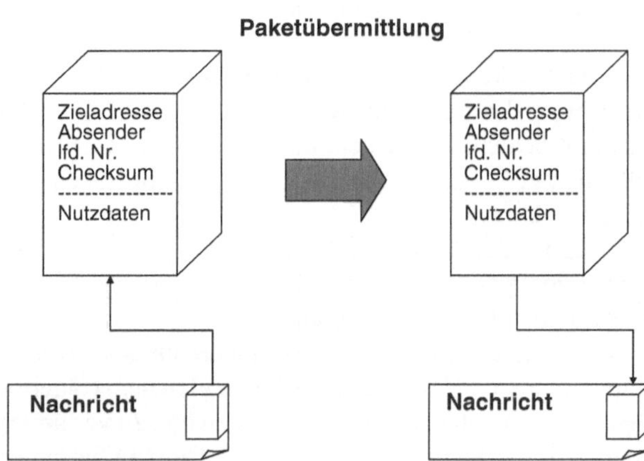

Abb. 2.1 Paketvermittlung in Netzwerken

2.2.6 *Netzwerktopologien*

Wie schon aus dem Vorhergesagten hervorgeht, gibt es unterschiedliche Netzkon-
figurationen, die auch als Topologien bezeichnet werden. Zur Darstellung solcher
Topologien bedient man sich bestimmter graphischer Elemente für die Darstellung
von Komponenten und Verbindungen. Unterschieden werden Netzwerkknoten
(Endgeräte und Steuerungsstationen) und Linien oder Verbindungspfeile für die
Verbindungen. Folgende Topologien werden unterschieden:

- Ringnetze
- Maschennetze
- Sternnetze und
- Baumnetze.

Für die WLAN-Belange sind nur Maschen- und Sternnetze relevant.

Neben rein strukturellen Erwägungen spielen auch andere Kriterien bei der Auswahl einer Netztopologie eine Rolle. Die Vor- und Nachteile werden insbesondere
bei der Betrachtung von Kabelnetzen sichtbar. Maschennetze erfordern die Verbindung von mehreren Knoten untereinander (s. Abb. 2.2). Dieser hohe Verkabelungs-
aufwand entfällt selbstverständlich bei Funknetzen. Demgegenüber sind Maschennetze Ausfall sicherer. Auch treten Performanceengpässe seltener auf. Aus diesen
Gründen wurden Maschennetze bei der Konstruktion des Internets vorgezogen.

Neben einem kompletten Maschennetz sind auch Lösungen denkbar, die als partielles Maschennetz bezeichnet werden (Abb. 2.3). Hierbei werden nicht alle Stationen untereinander verbunden (m:m), sondern nur die Nachbarstationen (n:m).
Im Extremfall landen wir dann wieder bei der Punkt-zu-Punkt-Verbindung von nur
zwei Stationen.

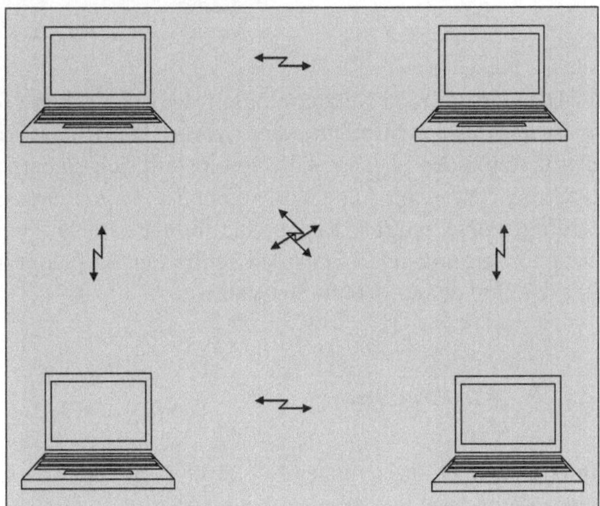

Abb. 2.2 Maschennetz

Abb. 2.3 Partielles
Maschennetz

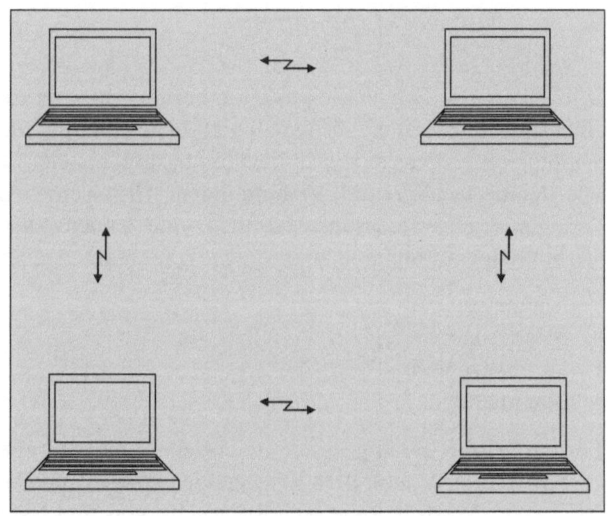

Abb. 2.4 Sternnetz

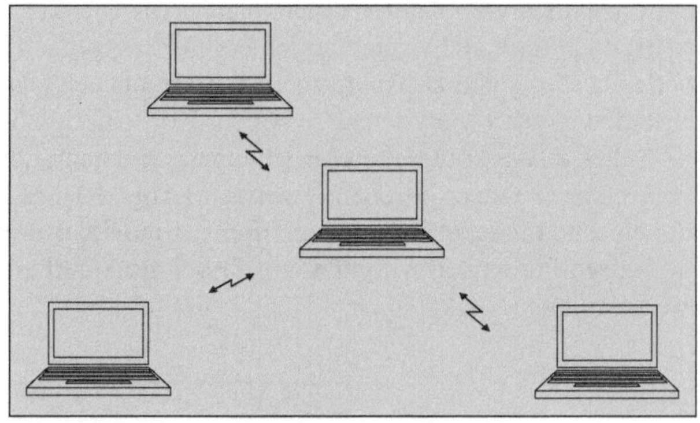

Die sternförmige Netztopologie folgt klassischen IT-Strukturen mit einem Zentralsystem in der Mitte und den Arbeitsplätzen über Einzelverbindungen peripher damit verbunden (s. Abb. 2.4). Somit stellt sich eigentlich die Frage nach dem Routing zunächst nicht. Auch sind solche Netze leichter zu administrieren. Gibt es allerdings keine zentrale Redundanz, bricht das Netz bei Ausfall der Zentraleinheit sofort zusammen. Den Platz der Zentraleinheit belegt im WLAN der Access Point mit den ihm zugeordneten Stationen.

2.2.7   Funktechnologien

Im Unterschied zu verkabelten Netzen kann das Adressierungskonzept im WLAN ein anderes sein: in LANs sind die Adressen fixiert, d. h. jede Adresse ist einer bestimmten Position zugeordnet, während das in einem WLAN nicht unbedingt der Fall zu sein braucht.

Datenübertragung erfolgt durch modulierte Wellen zwischen den Antennen von Sender und Empfänger. Dazu ist es erforderlich, dass vor dem Senden die zu übertragenden Informationen in analoge Signale umgewandelt werden. Der Empfänger greift die analogen Signale entsprechend auf und digitalisiert sie anschließend wieder.

2.2.7.1 Das Modulationsverfahren

Wie läuft das Modulationsverfahren ab? – Zunächst wird von der Grundfrequenz einer verwendeten Funkwelle ausgegangen. Diese wird auch als Trägerschwingung bezeichnet. Auf diese wird das in Frage kommende – auch als Zeichenschwingung bezeichnete – Signal aufgeprägt. Daraus resultiert ein Mischsignal. Und dadurch ändert sich auch das Frequenzspektrum dieser modulierten Schwingung gegenüber der ursprünglichen nicht-modulierten Trägerschwingung. Je nach Modulation verhält sich das erzeugte Signal anders gegenüber sonstigen Signalen, die sonst noch in der Nähe auftauchen. Je nach Modulationsverfahren können die betrachteten Signale mehr oder weniger stabil bzw. mehr oder weniger störanfällig sein.

Das Spread Spectrum Verfahren wurde entwickelt, um eine verbesserte Signalstabilität zu bekommen. Dahinter steht die Methode, ein Signal auf mehrere Kanäle umzulegen. Durch diese Art von Modulation wird das Signal mit mehr als einer Trägerschwingung gespreizt. Das macht das Signal robuster gegenüber Störungen von außen. Gleichzeitig sinkt dabei der Energieverbrauch. Der Nachteil dieses Verfahrens besteht darin, dass mehr Bandbreite benötigt wird.

2.2.7.2 Bandbreite

Von der Bandbreite war schon öfters die Rede. Sie legt die Übertragungskapazität eines Trägermediums fest. Und die beeinflusst direkt die erzielbare Datenrate. Bandbreite meint den Frequenzbereich, innerhalb dessen die Signalübertragung stattfindet. Die übertragbare Informationsmenge pro Zeiteinheit ist also abhängig von der Bandbreite. Ihre Einheit ist Hertz (Hz) oder Vielfache davon (kHz, MHz, GHz). Die Datenrate selbst wird in Kbit/s oder Mbit/s gerechnet. Je nach Übertragungsrichtung unterscheidet man:

- Duplex (beide Richtungen gleichzeitig)
- Simplex (nur eine Richtung)
- Halb-duplex (wechselnde Verbindungsrichtungen, aber nicht gleichzeitig).

2.2.7.3 Reichweite von Funksignalen

Die Reichweite von Funksignalen hängt ab von:

- Der Dämpfung
- Der Frequenz
- Störungen von außen.

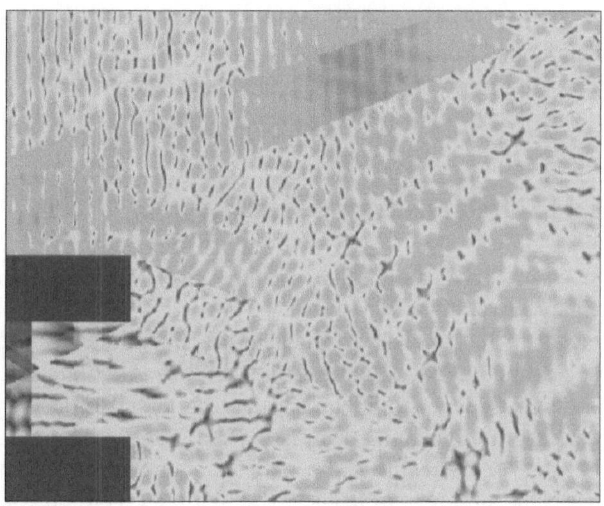

Abb. 2.5 Repräsentative Verteilung der Intensität von Funksignalen. (Quelle: ANSI/IEEE 802.11, 1999 Edition)

Dabei haben schwache niederfrequente Wellen oftmals eine relativ große Reichweite, da sie u. a. auch physikalische Hindernisse durchdringen können. Höherfrequente Wellen sind dazu nicht in der Lage. Abbildung 2.5 zeigt die Verteilung der Intensität von Funksignalen.

Das Übertragungsmedium eines Funknetzes weist gegenüber Kabelnetzen ganz spezifische Unterschiede auf:

- Keine sichtbaren Abgrenzungen
- Kein Schutz gegenüber Interferenz-Signalen.

Außerdem kann die gegenseitig „Sichtbarkeit" aller Stationen mit allen anderen innerhalb desselben Netzes nicht vorausgesetzt werden. Manche Stationen bleiben unter Umständen unsichtbar. Funkwellen haben die unangenehme Eigenschaft, dass sie schwanken und sich nicht unbedingt symmetrisch ausbreiten. Das wird illustriert durch die Abbildung, die der 802.11 Spezifikation von 1999 entnommen wurde.

All dass führt dazu, dass Funknetze auch physikalisch gesehen weniger zuverlässig sind, als man es von Kabelnetzen gewohnt ist.

2.2.7.4 Kanalverteilung

Der Frequenzbereich für WLANs des ISM-Bandes wurde bereits mehrfach erwähnt. Dabei wird das 2,4 GHz Frequenzband zwischen 2,4 und 2,483.5 GHz in einzelne Kanäle aufgeteilt. Sie haben jeweils eine individuelle Breite von 22 MHz. Ihr Abstand beträgt 5 MHz. Dabei kann es zu Frequenzabweichungen kommen. Das wird durch das Spreizverfahren verursacht. Die Abweichungen können bis zu 12,5 MHz gegenüber der Zentralfrequenz in beide Richtungen betragen. Das ist die

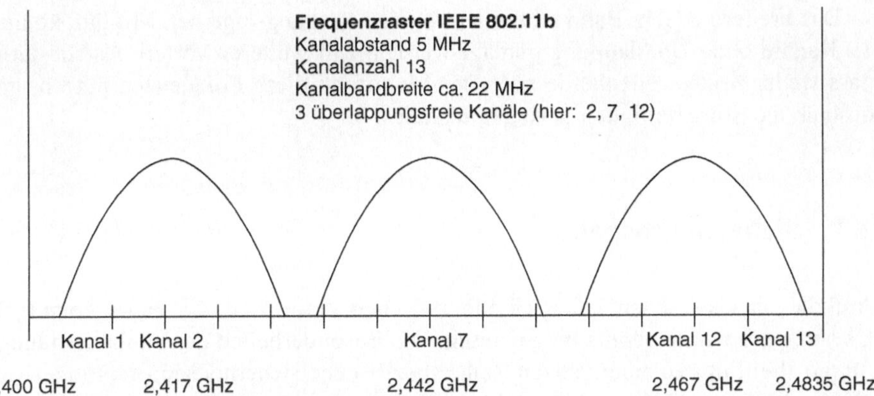

Abb. 2.6 Die Kanäle 2, 7 und 12 sind überlappungsfrei. (Quelle: BSI Sicherheit im Funk-LAN 2003)

Ursache für eventuell auftretende Interferenzen zwischen benachbarten Kanälen. Abbildung 2.6 zeigt eine beispielhafte Kanalverteilung.

2.2.7.5 Trennung von Kanälen

Nutzt man aber gleichzeitig jeweils nur Kanäle, die möglichst weit voneinander entfernt liegen (Kanaltrennung), lassen sich Interferenzen weitgehend vermeiden. Idealerweise sollte nur jeder fünfte Kanal gleichzeitig genutzt werden. Das würde allerdings dazu führen, dass höchstens drei unterschiedliche Kanäle im selben WLAN zum Einsatz kämen. Zur Optimierung der Leistung bliebe dann nur noch die Verhinderung von Störungen von außen. Die Tab. 2.1 zeigt die Frequenzverteilung im 2,4–2,5 GHz-Band.

Tab. 2.1 Frequenzen der verschiedenen Kanäle im 2,4–2,5-Frequenzband

Kanal	Zentralfrequenz (MHz)	Frequenz-Spread (MHz)
1	2.412	2.399,5–2.424,5
2	2.417	2.404,5–2.429,5
3	2.422	2.409,5–2.434,5
4	2.427	2.414,5–2.439,5
5	2.432	2.419,5–2.444,5
6	2.437	2.424,5–2.449,5
7	2.442	2.429,5–2.454,5
8	2.447	2.434,5–2.459,5
9	2.452	2.439,5–2.464,5
10	2.457	2.444,5–2.469,5
11	2.462	2.449,5–2.474,5
12	2.467	2.454,5–2.479,5
13	2.472	2.459,5–2.484,5

Das breitere 5 GHz-Band ist breiter von der Ausgangslage her. Mit ihm können 19 Kanäle ohne Überlappung genutzt werden. Ein weiterer Vorteil besteht darin, dass weder Mikrowellenherde noch der Mobilfunk diese Frequenzen nutzen, und deshalb die Störanfälligkeit geringer ausfällt.

2.3 Sicherheitsaspekte

Auf die physikalischen Unterschiede zwischen drahtloser und kabelgebundener Übertragung wurde bereits hingewiesen. Die Besonderheiten der Funkübertragung führen allerdings zu einer ganzen Reihe spezifischer Sicherheitsanforderungen, die über jene von verkabelten Netzen hinausgehen, ohne wiederum deren Sicherheitsanforderungen ignorieren zu können. Im Folgenden sollen die konkreten Sicherheitsverfahren dargestellt werden, die die Standards dafür vorsehen. Zuvor soll aber zunächst die Zielsetzung betrachtet werden.

2.3.1 Übergeordnete Sicherheitsaspekte

2.3.1.1 Netzverfügbarkeit

Über die Störanfälligkeit von Funknetzen wurde bereits berichtet. Das ist ein grundsätzliches Problem. Dabei soll es hier allerdings nicht um zufällige Störungen durch Geräte, die denselben Frequenzbereich nutzen, gehen. Es gibt Störungen, die bewusst von Angreifern hervorgerufen werden, um den Funkverkehr zu sabotieren.

Zur Disposition steht dabei eines der wesentlichen Ziele beim Betrieb von IT-Anlagen: die Verfügbarkeit. Zunächst wird diese sichergestellt durch die konkrete Netztopologie selbst, d. h. die geographische Fixierung der WLAN-Komponenten, insbesondere der Access Points. Von Bedeutung ist auch eine optimale Konfiguration unter Berücksichtigung des Betriebsmodus, der Frequenzbereiche und der Übertragungsgeschwindigkeit. Wegen der Störanfälligkeit ist eine kontinuierliche Beobachtung des Netzbetriebs erforderlich. Bei Störungen sollte die Ursache möglichst zeitnah gefunden werden.

2.3.1.2 Problem der Datenintegrität

In Funknetzen wie auch in drahtgebundener Umgebung muss sichergestellt werden, dass alle Daten ihren Adressaten vollständig und unverändert erreichen. Falls die Daten unterwegs manipuliert worden sind, muss der Empfänger diesen Umstand wahrnehmen können, um auf eine solche Manipulation reagieren zu können. Vom Ergebnis her ist es unerheblich, ob eine solche Störung durch bewusste Manipulation oder durch technisch bedingte Übertragungsfehler hervorgerufen wird.

2.3.1.3 Wechselseitige Authentizität

Eine wesentliche Rolle bei der drahtlosen Kommunikation spielt die Authentizität. Jede Station muss sich der Authentizität, d. h. auch der Berechtigung, des gegenüberliegenden Kommunikationspartners sicher sein. Das gilt für Sender und Empfänger und genauso umgekehrt. Es muss sicher gestellt sein, dass niemand unbefugt ins Netz eindringen kann, dadurch dass er sich als gültiges Mitglied der Netzteilnehmer verstellt. Selbstverständlich gilt diese Anforderung besonders dann, wenn sensible Daten ausgetauscht werden, die für den Geschäftsverkehr und die Unternehmenssicherheit von Bedeutung sind.

2.3.1.4 Anforderungen an die Vertraulichkeit

Gegenüber der Kommunikation in offenen Netzen, die gerade auf die allgemeine Teilhabe an allen zugänglichen Informationen ausgelegt sind, spielt die Vertraulichkeit des Informationsaustausches in privaten drahtlosen Netzen aus Sicht des Datenschutzes eine ganz andere Rolle. Hier müssen entsprechende Geheimhaltungsstufen tatsächlich zum Tragen kommen. Da Funksignale prinzipiell mitgehört werden können, geht dieser Weg nur über eine Verschlüsselung. Eine Verschlüsselung erfüllt dabei zwei Aufgaben:

- Sie sollte die übermittelten Informationen und
- die zugehörigen Verbindungsdaten schützen.

2.3.2 Risiken

Aus der Tatsache, dass bei der Funkübertragung gewissermaßen der freie Raum als Übertragungsmedium genutzt wird, ist das Abhören einfacher als bei drahtgebundenen Anwendungen. Entsprechend drastisch ändern sich die Anforderungen durch die spezifische Sicherheitslage gegenüber verkabelten LANs. LANs sind zudem geographisch fixiert. Deren Anwender sind bekannt. Bei WLANs gibt es weder Gebäudegrenzen noch ist sichtbar, welche Personen gerade zugreifen.

2.3.2.1 Angreifer und ihre Motive

Hier die wichtigsten Angriffsmotive und -formen:

- Technische Herausforderung: spielerische Hacker, die ausprobieren wollen, ob sie irgendwo Zugang gewinnen können, ohne bewusst Schaden anrichten zu wollen; dazu gehört auch die Intention, andere ohne deren Wissen zu belauschen und in deren Privatsphäre einzudringen. Die Tools dazu sind meist aus dem Internet bezogen.

- Kriminelle Zielsetzungen: die Absicht ist, anderen Personen oder Unternehmen Schaden zuzufügen, oder sich zu bereichern.
- Unbefugte Mitbenutzung des Internetzugangs: wird ein WLAN in Kombination mit einem DSL-Anschluss betrieben, gibt es Versuche, den Internet-Zugang unbefugt mitzubenutzen; hierbei besteht die Möglichkeit, den Account für Downloads von vertraulichen Daten oder für kriminelle Kontakte zu missbrauchen.
- Sich direkte materielle Vorteile verschaffen: alle Arten des unbefugten Zugriffs sind möglich; ohne dass der Betroffene zunächst oder auch über einen längeren Zeitraum etwas davon merkt.
- Einschleusen von Daten oder Software: unbefugte Stationen in ein WLAN einschmuggeln, um dort gezielt Daten abzusetzen, indem den Access Points eine autorisierte Identität vorgetäuscht wird; Beispiele: Implantierung von Spyware, um Kreditkartendaten auszuspionieren, Attacken mit trojanischen Pferden, die wichtige Datenbestände eines Unternehmens stehlen, Viren, die Daten zerstören können.

2.3.2.2 WLANs Lokalisieren

Um illegalen Zugang zu WLANs zu erhalten, muss ein Angreifer zunächst einmal wissen, wo sich ein WLAN befindet. Je ungeschützter ein WLAN ist, desto leichter wird ihm das fallen. Solche Netzwerke schicken beständig ihre Beacon-Frames in die Welt und machen so auf ihre Existenz aufmerksam. Ein sogenannter Wardriver, jemand, der Stadtviertel – häufig per Auto – danach absucht, wird schnell fündig. Alles was er braucht, ist eine Antenne. Verfügt er darüber hinaus über ein Notebook oder ein PDA, kann er ziemlich schnell auch die Namen der Access Points herausfinden. Jetzt steht ihm die Möglichkeit offen, die Kommunikation zu protokollieren, um daraus durch geschickte Analyse Rückschlüsse auf die Teilnehmer und Passwörter zu erhalten.

Es gibt mittlerweile ausreichend Tools im Internet zum herunterladend, mit denn man Netzstatistiken auswerten kann. Generell lässt der Schutz von WLANs sehr zu wünschen übrig. Man kann davon ausgehen, dass das für die Mehrzahl der Netze der Fall ist, sodass Eindringlinge ohne Probleme bis in die Funkzellen vordringen können.

2.3.2.3 Verschlüsselung knacken

Verschlüsselungen sind ein erster Schritt in die richtige Richtung, um WLANs sicherer zu machen. Man sollte aber nicht meinen, dass dadurch schon alle Sicherheitsprobleme gelöst wären. Auch verschlüsselte Daten können protokolliert werden. Um die Schlüssel zu knacken, bedarf es allerdings einer entsprechenden Masse von Daten und entsprechender statistischer Analysewerkzeuge. WEP-Schlüssel lassen sich auf Basis von Datenmitschnitten von einigen Stunden ermitteln. Das war für die erste Generation des Standards der Fall. Schon bald waren entsprechende Tools im Internet verfügbar.

Der Schutz eines WLANs auf einer bestimmten Stufe reicht für hartnäckige Angreifer häufig nicht aus. Die unmittelbare Folge wird zunächst der Versuch sein, mit mächtigeren Tools die Absicht dennoch zu erreichen. Deshalb ist eine frühzeitige Entdeckung und damit kontinuierliche Beobachtung notwendig.

Ein weiteres Szenario ist im Vortäuschen einer legitimen Benutzeridentität zu finden. Dazu muss dem WLAN eine zugelassene Netzwerkadresse vorgetäuscht werden, um so Zugang zu erhalten.

Die vielen Möglichkeiten, in ein mehr oder weniger schlecht geschütztes WLAN einzudringen, rufen nach Gegenmaßnahmen. Diese leiten sich natürlich von den Schwachstellen selbst her ab. So kann man genau die Techniken zum Einsatz bringen, mit denen Angreifer es auch versuchen, um die Sicherheit seines eigenen Netzwerks auszuloten. Dazu muss man ein Dummy-Netzwerk aufbauen, dass den realen Gegebenheiten entspricht, aber dessen Schwachstellen absichtlich offen gelassen wurden. Das Dummy-Netz kann auch ein Teilnetz sein, gegen das das reale Netz entsprechend abgeschottet ist. Über dieses Einfallstor, das gesondert überwacht wird, lassen sich Angriffsversuche feststellen – spätestens bei der Analyse von Logdateien.

2.4   Die wichtigsten Standards

Standards in Computernetzen aller Art sorgen dafür, dass Konventionen und Regeln festgelegt werden, die dann auch eingehalten werden müssen. Die Regeln sind in Protokollen festgelegt. Die Standards selbst werden erarbeitet und weiter gepflegt von institutionalisierten Gremien, die eine entsprechende Anerkennung genießen. Wie bereits erwähnt, stellen die WLAN-Standards eine Untergruppe von LAN-Standards dar. Die Alleinstellungsmerkmale der WLAN-Standards beziehen sich hauptsächlich auf das Medium der Vernetzung. Im folgenden soll das Verständnis für diese Standards geweckt werden. Das ist für das Verständnis der weiteren Materie hilfreich.

2.4.1   *Überblick*

2.4.1.1   Das OSI-Modell und Standards

Grundlage der 802.11 Standards ist das Open Systems Interconnection Model (OSI), das seinerzeit von der International Organization for Standardization (ISO) entwickelt wurde. OSI ist die Basis für alle Netzwerkprotokolle. Es definiert die Kommunikation von offenen und verteilten Systemen. Dazu bedient es sich so genannten Protokollschichten – sieben insgesamt. Diese Schichten bauen aufeinander

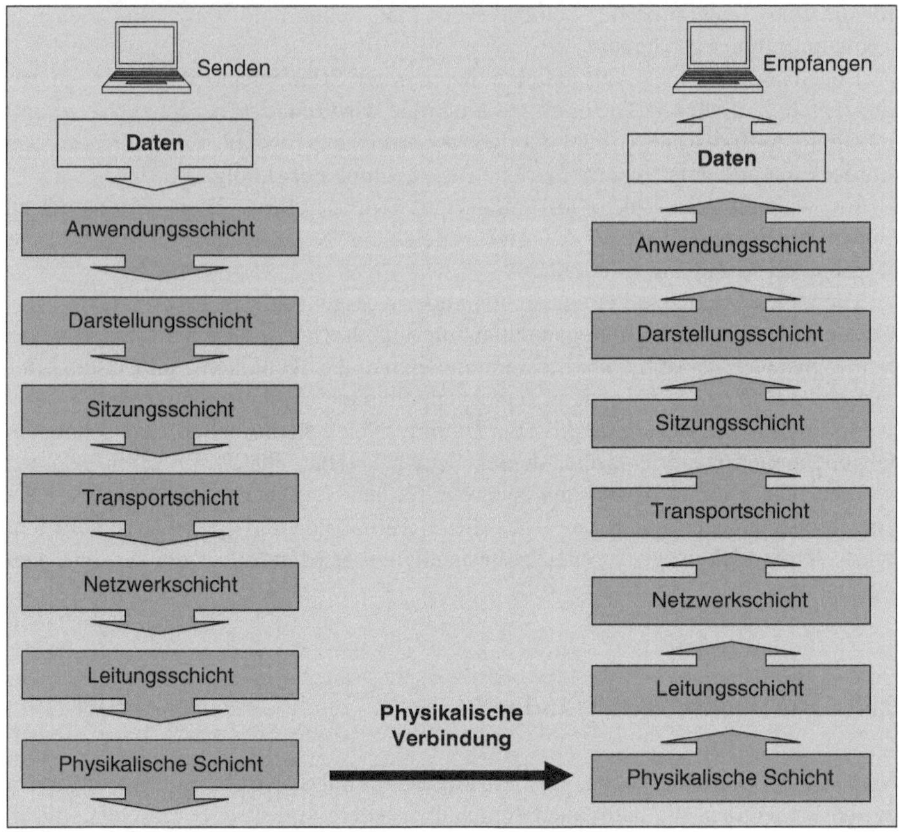

Abb. 2.7 Datenübertragung nach dem OSI-Modell

auf. Wenn von offenen Systemen die Rede ist, sind die Systeme nicht an einen gesonderten Firmenstandard gebunden, verteilt bedeutet eine dezentrale Systemlandschaft (s. Abb. 2.7).

2.4.1.2 Die physikalische Schicht

Wird eine Kommunikation zwischen zwei Partnern initialisiert, so wird ein Prozess angestoßen, in dessen Folge die verschiedenen Schichten mit den ihnen zugedachten Rollen durchlaufen werden. Das beginnt auf der „physikalischen" Schicht, dem Physical Layer PHY. Hier treten die Protokolle in Erscheinung, die für den Auf- und Abbau der Verbindung über die beteiligten Komponenten sorgen. Dabei werden die Daten in physikalische Signale umgesetzt. Das Protokoll regelt diesen Vorgang unabhängig vom Kommunikationsmedium. Abbildung 2.8 zeigt den Zusammenhang zwischen OSI und dem 802-Standard.

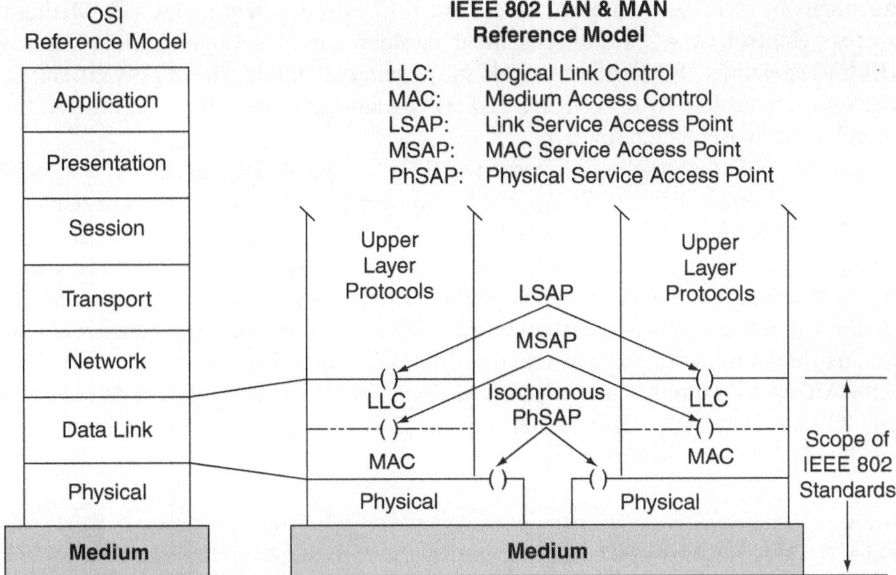

Abb. 2.8 Das OSI-Referenzmodell im Verhältnis zum IEEE 802 LAN/MAN-Referenzmodell. (Quelle: IEEE Std 802-2001)

2.4.1.3 Die Verbindungsschicht

Oberhalb der physikalischen Schicht ist die Sicherungs- oder Verbindungsschicht angesiedelt, die auch Data Link genannt wird. Sie ist zuständig für das Management der aufgebauten Verbindung zwischen Sende- und Empfangsstationen. Diese Schicht garantiert die Integrität der Datenübertragung. Die hierfür verwendeten Protokolle zerlegen die Daten, die aus der physikalischen Schicht her kommen, in Pakete und überwachen dabei gleichzeitig deren Übermittlung. Sie können Übertragungsfehler erkennen und gegebenenfalls auch korrigieren.

Eine dritte Schicht, die beteiligt ist, die Netzwerkschicht, sorgt für das korrekte Routing der Datensätze, die als fehlerfrei identifiziert worden sind. Weitere Protokolle betreffen:

- Transportschicht
- Sitzungsschicht
- Präsentationsschicht und
- Anwendungsschicht.

Diese sind nicht Gegenstand der spezifischen WLAN-Standards.

2.4.1.4 Medium Access Control

IEEE 802.11 kümmert sich nur um die physikalische und die Verbindungsschicht – die beiden untersten Schichten des OSI-Modells, wobei die Verbindungsschicht nochmals in zwei Teilschichten zerlegt wird. Eine Teilschicht nennt sich Medium Access Control (MAC); die Teilschicht darüber wird als Logical Link Control (LLC) bezeichnet. Für letztere wurde ein eigener Standard 802.2 geschaffen. Er bezieht sich auf alle Arten von LANs. Das zugehörige Protokoll managt die Kommunikation zwischen Computern.

Die MAC-Schicht selbst ist verantwortlich für die Zerlegung der zu transportierenden Daten in Pakete, die als MAC Protocol Data Units (MPDU) bezeichnet werden. Außerdem steuert es den Zugriff auf das Übertragungsmedium entsprechend dem auf der physikalischen Schicht festgelegten Arbeitsmodus. Das ist wichtig, wenn mehrere Stationen auf dasselbe Übertragungsmedium zugreifen. MAC verhindert Kollisionen und Datenverluste. Diese können eben bei gleichzeitigem Senden und Empfangen durch mehrere Stationen im selben Netz entstehen. Das CSMA/CA- Verfahren (Carrier Sense Multiple Access with Collision Avoidance) aus 802.11 sorgt dafür, dass immer nur ein Gerät zu einem gegebenen Zeitpunkt sendet. Details dazu weiter unten.

2.4.1.5   WLAN und LAN

OSI bietet eine Reihe von Vorteilen, die hier noch einmal kurz aufgelistet werden sollen:

- Protokolle von höheren Schichten können problemlos auf Dienste unterer Schichten zugreifen.
- Für Protokolle einer höheren Schicht ist die Arbeit auf der darunterliegenden Schicht transparent.
- Hardware-Komponenten können in die Schichtenhierarchie eingeordnet werden (Netzwerkbrücken gehören zur Verbindungsschicht, Router zur Netzwerkschicht).

2.5   Der IEEE-802.11

Die Standards, die das IEEE in den letzten Jahren für drahtlose Netze verabschiedet hat, sind – wie schon erwähnt – von vornherein als Teil der 802-Familie entworfen, wodurch das Zusammenspiel mit klassischen Ethernet-Lösungen erleichtert wird.

2.5.1   Allgemeine Entwicklung

Der erste Standard für WLANs wurde unter der Nummer 802.11 im Jahre 1997 freigegeben. Diese Version bezieht sich stringent auf das OSI-Modell. Für die physikalische Schicht PHY wird der Datenweg via Funkverbindung festgelegt. Hier kommen Technologien zum Tragen, die bereits weiter oben erwähnt und weiter unten erläutert werden: FHSS und DSSS zur Spreizung des Frequenzspektrums. Die originären Übertragungsraten (brutto) sollten ursprünglich 1 Mbit/s für FHSS und 2 Mbit/s für DSSS betragen.

Außerdem wurde hier festgelegt, dass zur Datenübertragung das ISM-Band bei 2,4 GHz zu verwenden ist. Bereits jetzt wurden die beiden möglichen Modi der Kommunikation zwischen Teilnehmern festgelegt: ad hoc zwischen zwei Teilnehmern und Infrastruktur über Access Points.

Fernerhin erfolgte die Spezifikation der MAC-Teilschicht innerhalb der zweiten OSI-Schicht für den Medienzugriff; dazu die notwendigen Protokolle als Schnittstelle zur physikalischen Schicht.

WLAN-Komponenten im Handel können unterschiedliche Versionen von 802.11 bedienen. Die Frage der Kompatibilität sei an dieser Stelle zunächst einmal zurück gestellt. Allen ist gemeinsam, dass auf dem Typenschild oder an geeigneter Stelle die Standardversion ausgezeichnet ist, die diese Komponenten bedienen können, beispielsweise: 802.11b. 802.11 meint den Standard an sich, der angehängte Buchstabe steht für eine spezifische Version. Er leitet sich ursprünglich aus der Identifizierung der jeweiligen Task Group her, die sich im Rahmen der Gesamt-Work-Group für alle WLAN-Standards mit dieser spezifische Version beschäftigt hat. Im Folgenden sollen diese Versionen im Einzelnen erläutert werden.

Die Version 802.11b hat die bisher weiteste Verbreitung gefunden. Das hängt mit dem Frequenzband zusammen. Das 2,4 GHz-Band steht in der überwiegenden Zahl der Länder lizenzfrei zur Verfügung. Es gibt natürlich mittlerweile Komponenten, die auch die anderen Mitglieder der 802.11-Familie unterstützen (802.11g oder 802.11i z. B.). Einige dieser Varianten sind auch untereinander kompatibel. Außerdem kann man Komponenten erwerben, die gleichzeitig unterschiedliche Varianten unterstützen. So gibt es Access Points, die für 802.11a, b und g eingesetzt werden können.

Heutzutage befinden sich Notebooks auf dem Markt, die eingebaute WLAN-Funktionalitäten führen, die sowohl Einzelversionen wie 802.11b als auch Zweiband-Lösungen wie 802.11a und 802.11b bedienen, sowie eine Unterstützung für die beiden Modi 802.11b/g bieten.

2.5.2 Die Erweiterungen im Einzelnen

Wie bereits erwähnt liegt im Kern der Spezifikation des Standards die Beschreibung von Verbindungen auf der physikalischen Schicht sowie für die Verbindungsschicht die Steuerung des Medienzugangs auf der MAC-Teilschicht.

Es war aber auch die Rede von der zweiten Teilschicht der OSI-Verbindungsschicht: LLC (Logical Link Control). Im 802.11 wurde hier nichts Spezifischen festgelegt. Der bereits vorhandene Standard 802.2, der für LANs allgemein gilt, wurde übernommen. Das bedeutet, dass die 802.11 Zugriffsprotokolle im Ergebnis LAN-kompatibel sein müssen. Abbildung 2.9 zeigt den Zusammenhang zwischen OSI und 802.11.

Abb. 2.9 Der IEEE
802.11-Standard und das
OSI-Modell

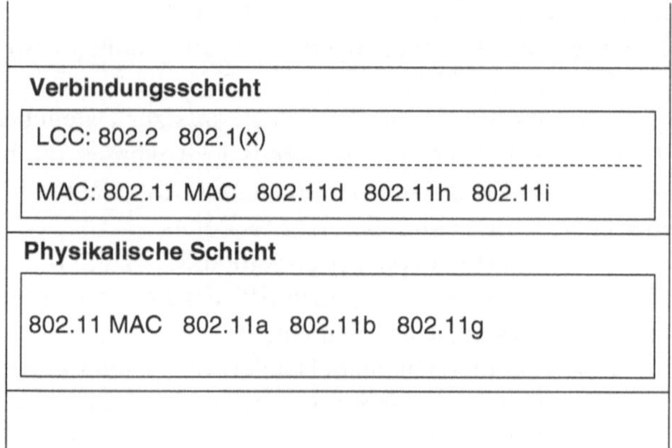

2.5.2.1   Die Version 802.11a

Im Jahre 1999 wurde die 1997 freigegeben Version noch einmal grundlegend über-
arbeitet. Im Jahre 1999 kamen gleich zwei neue Versionen hinzu: 802.11a und
802.11b. Für 802.11a wurde ein Verfahren eingeführt, das die Datenübertragungsrate wesentlich steigert – das OFDM-Verfahren. Dieses nutzt außerdem ein anderes
Frequenzband. Ab jetzt sind Übertragungsraten von zwischen 6 und 54 Mbit/s im
5 GHz-Band möglich – unabhängig von Steigerungen, die manche Hersteller durch
Eigenlösungen zusätzlich anbieten. In der Praxis nutzen die Stationen die höchst-
mögliche Übertragungsrate. Stellen sich aus verschiedenen Gründen zu viele Fehler
beim Datentransfer ein, kommen niedrigere Raten zum Einsatz.

Das 5 GHz-Band wurde in Deutschland seit November 2002 zur Nutzung durch
WLANs freigegeben. Dazu gehören insgesamt 19 Kanäle mit je 20 MHz Kanalbrei-
te und Abständen zwischen 5,15 und 5,35 GHz sowie 5,47 und 5,725 GHz untereinander. Der Abstand soll Interferenzen zwischen benachbarten Kanälen verhindern.
Einschränkend darf das erste Band nur innerhalb von Gebäuden genutzt werden.
Die Sendleistung muss auf 200 mW begrenz sein. Das bedeutet eine Reichweite
von lediglich 10 bis 15 m. Für das zweite Band liegt die Obergrenze bei 1 W.

2.5.2.2   Die Version 802.11b

Zeitgleich mit 802.11a wurde 802.11b veröffentlicht. Diese Version verbleibt im
Frequenzbereich von 2,400 bis 2,4835 GHz. Sie erreicht trotzdem eine Steigerung
der Datenrate auf 5,5 bzw. 22Mbit/s (brutto). Dies wird sicher gestellt durch die
HR/DSSS-Technologie. Sie ist abwärts kompatibel mit DSSS. Die Netto-Übertra-
gungsrate beträgt etwa 50% davon. Das vergleicht sich gut mit der Rate in noch
heute existierenden LANs von 10 Mbit/s. Auch gegenüber dem Internet kann sich
diese Rate sehen lassen – was klassische Datenübertragung betrifft. Die neueren
Anforderungen aus dem audiovisuellen Bereich stellen dafür jedoch ernsthafte He-
rausforderungen dar.

Ein weiterer Grund, warum 802.11b der am weitesten verbreitete Standard ist, ist in der WECA, jetzt WI-FI-Alliance, die im gleichen Jahr 1999 gegründet wurde, zu finden. Die WI-FI-Alliance förderte die Technologie durch Vergabe des Wi-Fi-Logos. Ansonsten gibt es eine Reihe technischer Vorteile gegenüber 802.11a, z. B. die größere Reichweite sowohl in Gebäuden als auch im Freien. Die Nachteile liegen – wie gesagt – in den möglichen Interferenzen mit anderen technischen Geräten im 2,4 GHz-Band.

2.5.2.3 Die Version 802.11d

Die Version 802.11d enthält Spezifikationen für die MAC-Schicht, die es ermöglichen, WLAN-Komponenten überall auf der Welt einzubinden. Für dieses Roaming werden die Sendeparameter entsprechend angepasst.

2.5.2.4 Die Version 802.11g

Der Standard 802.11g wurde von der IEEE im Juni 2003 freigegeben. Er ist abwärts kompatibel mit dem 802.11b und nutzt ebenfalls das Frequenzband zwischen 2,4 und 2,4835 GHz. Da er zudem mit der OFDM-Technologie arbeitet, erzielt man mit ihm Übertragungsraten von 54 Mbit/s (Maximum). Bei der Reichweite hat sich aber gegenüber 802.11b nichts geändert. Somit können 802.11g Komponenten problemlos in existierende 802.11b WLANs integriert werden. In der Praxis wird das durch den Kompatibilitätsmodus erreicht mit dem Nachteil, dass die Übertragungsrate wiederum auf 10–15 Mbit/s heruntergefahren wird.

2.5.2.5 Die Version 802.11h

Die Version 802.11h dient dazu, Funkregulierungen im 5 GHz-Bereich, wie sie in Europa üblich sind, abzudecken. Dazu sind Anpassungen auf der MAC-Schicht erforderlich. Im Einzelnen geht es um den Einsatz des TPC (Transmit Power Control)-Verfahrens. Dieses Verfahren setzt die Sendeleistung in Abhängigkeit von der Kommunikationsqualität herab. Dahinter verbarg sich eine Anforderung der ETSI.

Zusammen mit der ETSI sind auch die deutschen Regulierer vorstellig geworden. Die zuständige Behörde forderte den Einsatz von TCP als Voraussetzung für die Freigabe von Komponenten im 5 GHz-Band. Ansonsten würden bestimmte Obergrenzen greifen. Innerhalb von Gebäuden liegt die Obergrenze bei 30 mW für Access Points ohne TCP, mit TCP bei 60 mW zwischen 5,150 und 5,350 GHz. Für Geräte, die mit einem dynamischen Frequenzwahlverfahren ausgestattet sind, erhöht sich darüber hinaus die Obergrenze auf 200 mW.

TCP macht nichts anderes, als die Sendeleistung konstant innerhalb der zugelassenen Bandbreite zu halten, wenn einzelne Stationen miteinander oder mit einem Access Point kommunizieren. Dazu ist ein Regelbereich für automatische

Leistungsanpassung definiert. In Deutschland liegt der bei 6 dB. Um dieses Verfahren zu realisieren, fordern die Stationen Statusinformationen über die Verbindungsstrecke zwischen den Kommunikationspartnern via TCP Request Frames an.

Ein weiteres Feature ist DSF: Dynamic Frequency Selection. Hierbei handelt es sich um eine Methode, die jeweils günstigste Frequenz auszuwählen. Im Zuge dieses Verfahrens wird immer dann automatisch ein Kanalwechsel vollzogen, wenn außer dem jeweiligen Benutzer noch andere User oder technische Fremdgeräte auf demselben Kanal innerhalb des 5 GHz-Bandes arbeiten. Eine entsprechende Prüfung erfolgt vor jeder einzelnen Kanalnutzung. Auf diese Weise werden Interferenzen in dem Frequenzband ausgeschlossen. In allen anderen Bereichen ist 802.11h mit 802.11a kompatibel.

2.5.2.6   Die Version 802.11i

Noch näher zurück liegt die Veröffentlichung von 801.11i. Erst im Jahre 2004 wurde sie mit einem zuverlässigeren Sicherheitsprotokoll freigegeben. Auslöser war das Verschlüsselungsverfahren WEP und die damit verbundenen Risiken. Als Ausweg hat man nicht ein Verfahren (WEP) durch ein besseres ersetzt, sondern eine ganze Sicherheitsarchitektur entwickelt, die RSN: das Robust Security Network. Dieses Sicherheitsprotokoll kann innerhalb der Versionen 802.11a/b/g und h zum Einsatz kommen.

Und erstmals lässt sich auch der Ad-hoc-Modus wirkungsvoll absichern. 802.11i verwendet eine Reihe von Verschlüsselungsverfahren. Dazu gehört auch AES: Advanced Encryption Standard. Das Schlüsselmanagement basiert auf dem Temporal Key Integrity Protocol (TKIP). Außerdem wird ein gesondertes Authentifizierungsverfahren für WLAN-Zugriffe angewendet, das im Detail im Standard 802.1x beschrieben wird. Dieses Authentifizierungsverfahren funktioniert entlang dem Extensive Authentication Protocol (EAP). Der Standard selbst gehört nicht der 802.11 Familie an, sondern dem allgemeinen Bereich von 802 für alle Arten von Netzwerken. IEEE 802.1x unter Verwendung des RADIUS-Servers wird weiter unten erläutert.

Ein weiterer Grund, warum 802.11i dringlich wurde, war die Tatsache, dass Teile davon bereits unter WPA der Wi-Fi-Alliance kursierten. Die Alliance hat nachher diesen Standard auch unter WPA2 geführt.

Die folgende Tab. 2.2 fasst noch einmal die bereits besprochenen Standard-Versionen der 802.11 Familie zusammen mit den wichtigsten Rahmendaten:

Tab. 2.2 Frequenzen und Übertragungsraten der verschiedenen WLAN-Varianten

Standard	Frequenzband (GHz)	Datenübertragungsrate (Mbit/s)
802.11	2,4	2
802.11b	2,4	11
802.11g	2,4	54
802.11a	5	54
802.11h	5	54

2.5.2.7   Weiterentwicklungen von 802.11

Geplant bzw. in Arbeit sind folgende Erweiterungen des Standards:

- 802.11n: für schnelleres WLAN mit 248 Mbit/s brutto Datenrate (74 Mbit/s netto) zwischen 2,4 und 5 GHz; Reichweite 70 m in Gebäuden, 250 m außerhalb
- 802.11p: für den Einsatz in Fahrzeugen
- 802.11y für 54 Mbit/s (netto 23 Mbit/s) bei 3,7 GHz; Reichweite 50 m in Gebäuden, 5.000 m außerhalb
- Andere Erweiterungen betreffen zunächst Zusammenfassungen älterer Standards, das Verhältnis von Sprache zu Daten, Unterstützung von virtuellen LANs, Roaming, Mesh Networks, Performance, Zusammenspiel mit Netzen anderer Standards und Fragen des Netzwerkmanagements.

2.5.2.8   Die Version 802.11n

Obwohl der 802.11n noch nicht freigegeben ist, gibt es bereits Komponenten auf dem Markt, die zu dem aktuellen Diskussionsstand korrespondieren. Die Freigabe ist geplant für Anfang 2010. Die ersten Arbeiten an dem Standard haben bereist in 2003 begonnen. Als wichtiger Zwischenschritt gilt die Version 2.0 von September 2007. Es gibt noch einige offene Probleme wie zum Beispiel die Unterstützung individueller Features. Die letzte Version 10.0 datiert vom 15. Mai 2009.

Wie auch alle bisherigen Standards arbeitet 802.11n in den Frequenzbereichen 2,4 und 5,0 GHz. Ziel der neuen Entwicklung ist eine Übertragungsrate von 600 Mbit/s und eine Reichweite von bis zu 300 m. Hierbei handelt es sich jedoch um theoretische Werte. In der Praxis ist eine Rate von 100 Mbit/s eher wahrscheinlich. Das hängt mit dem Zusammenspiel von Komponenten unterschiedlichster Art in einem typischen Netzwerk zusammen. Weil der neue Standard rückwärts kompatible mit 802a, b und g sein soll, wird die Rate wahrscheinlich noch niedriger sein.

Der Standard wendet hauptsächlich drei Technologien an: Multiple Input Multiple Output (MIMO), Channel Bonding und Frame Aggregation. Bei MIMO werden mehrere Sender und mehrere Empfänger gleichzeitig eingesetzt. Durch räumliches Multiplexing werden die Datenströme zerstückelt und als einzelne Einheiten über denselben Kanal simultan abgeschickt. Der Empfänger setzt aus diesen Strömen die Nachricht über einen komplexen Algorithmus wieder zusammen. Zusätzlich fokussiert MIMO die Energie des Funksignals in Richtung des vorgesehenen Empfängers. Die Channel Bonding Methode des 802.11n erweitert zwei 20 MHz Kanäle zu einem einzigen 40 MHz Kanal und verdoppelt somit die Übertragungsrate. Indem individuelle Frames zu größeren Datenpaketen kombiniert werden, wird die Gesamtzahl der Frames reduziert und damit auch die Overheads, sodass die transportierte Menge noch einmal gesteigert werden kann.

Noch vorhandene Probleme mit dem Standard bestehen im Wesentlichen im hohen Energieverbrauch und in der Verringerung der Sicherheit. Letzteres ist darauf zurückzuführen, dass die Scans zur Entdeckung von Eindringlingen doppelt solange benötigen wie sonst und damit auch den Hackern doppelt soviel Zeit lassen.

2.5.2.9   Der 802.1x Standard

Der 802.1x steht für eine zusätzliche wichtige Sicherheitsoption. Er ist gültig für jede Art von LAN. Gegenstand sind Verfahren der Benutzerauthentifizierung und des Schlüsselmanagements. Diese Verfahren benötigen dazu einen gesonderten Authentifizierungsserver. Dieser Server steuert sämtliche Zugänge zu einem Netzwerk. Notwendig dazu ist ein Nachrichtenaustausch zwischen Clients und Server zum Zwecke der gegenseitigen Identifizierung. Ohne einen positiven Abschluss dieses Verfahren ist ein Datenempfang zwischen Station und Access Point bzw. zwischen Access Point und Endgerät nicht möglich. Im Zuge dieser Prozedur wird ein Sitzungsschlüssel erzeugt, der für den gesamten dann folgenden Datenverkehr Gültigkeit hat.

Es ist unstrittig, dass dieser zusätzlich Standard eine erhebliche Steigerung der Sicherheit eines WLANs ermöglicht. Diese zusätzlichen Sicherheitsmechanismen betreffen allerdings auch wiederum nur einen bestimmten Aspekt der Sicherheitslage insgesamt – den geschützten Zugriff auf das Netz selbst. Daneben gibt es eine Reihe zusätzlicher Sicherheitsmaßnahmen. Zu denen gehören auf anderen Ebenen Firewalls oder Sicherheitsprotokolle auf der IP-Ebene. Zu Letzteren sind z. B. VPN (Virtual Private Network) Lösungen zu rechnen.

Authentisierungsverfahren 802.1x bietet einen bequemen Weg, kryptografische Schlüssel für WLANs zu erstellen, um eine typische Verschlüsselungssicherheit herzustellen. Die Authentisierung ist zugangsbasiert in mobilen Wi-Fi-Netzwerken.

Authentikatoren, allgemein in drahtlosen Access Points integriert, sind Elemente innerhalb eines Authentisierungssystems, die physisch Zugang gewähren oder verhindern können. Der Anmelder versucht zu einem WLAN durch den Authentikator Zugang zu gewinnen, der seinerseits Authentifikationsbeglaubigungen am Anschluss verlangt. Authentifikations-Server sind gewöhnlich Remote Authentication Dial-In User Service (RADIUS) Server.

Der 802.1x-Prozess started, wenn der Anmelder sich mit dem Authentifikator in Verbindung setzt, um in das Netzwerk zu gelangen (Ablauf s. Abb. 2.10).

Das System blockiert den gesamten Verkehr des Clients außer dem, der zur Authentisierung gehört. Wenn der Zugangsversuch entdeckt wird, verlangt der Authentikator vom Anmelder seine Identität.

Der Anmelder bringt die Identifikationsinformationen bei sowie seinen Zugangswunsch zum Authentifikationsserver über den Authentifikator. Danach erfolgt ein Austausch von Frage- und Antwort-Nachrichten in Abhängigkeit vom Protokoll. Manchmal authentifiziert das Netzwerk nicht nur den Client, sondern der Client unternimmt Schritte, um festzustellen, ob er sich mit einem Netzwerk verbindet, dem er trauen kann. Das erhöht den Frage-/Antwort-Datenverkehr.

Falls der Anmelder die Bedingungen zufrieden stellt, informiert der Server den Authentifikator, der dann den Zugang ermöglicht, indem er den Anschluss frei schaltet. Um Sicherheit zu gewährleisten, tauschen Anmelder und Authentifikator kryptografische Schlüssel aus.

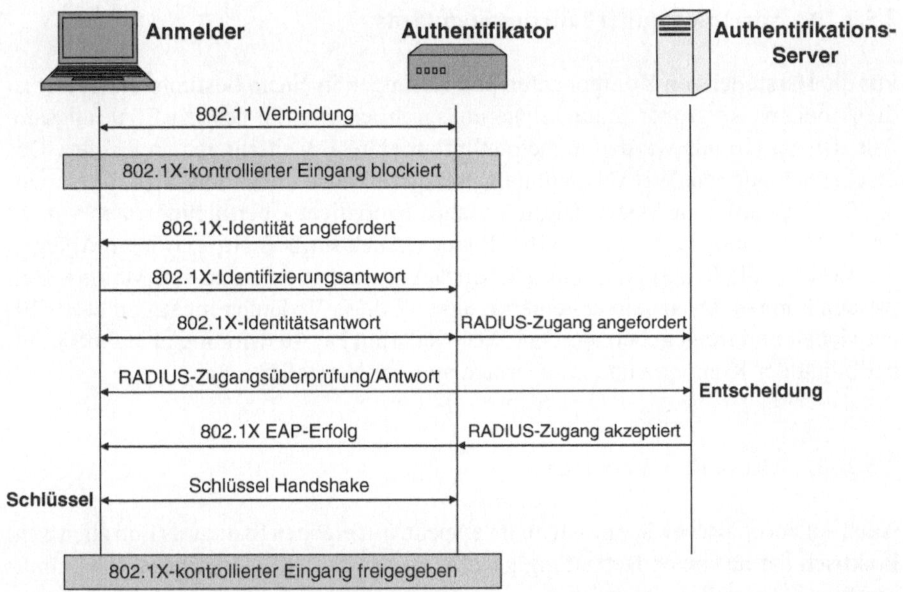

Abb. 2.10 802.1x Authentisierungsprozess

Typischer Weise authentifiziert sich der Anmelder über eines der vielen Extensible Authentication Protocols (EAP).

IEEE 802.1x generiert und erzeugt Einzel-User kryptografische Schlüssel für jede Session. Dadurch werden Probleme vermieden, die mit einigen Sicherheitstechnologien verbunden sind, wie z. B. mit WEP, die einen Schlüssel zum dechiffrieren für alle Endgeräte am selben Access Point benutzen.

Wenn der Anmelder sich ausloggt, sendet er eine Nachricht an den Authentifikator, der den Zugang zurücksetzt, sodass dieser für jeden nicht-authentifizierten Verkehr blockiert ist.

Verbreitung Bis heute ist der Standard 802.1x trotz aller Vorteile nicht sehr weit verbreitet. Gründe dafür sind relativ hohe Investitionen, aber auch Betriebskosten. Organisationen, die den Standard einsetzen möchten, müssen unterschiedlichste Komponenten inklusive den RADIUS-Server kaufen, installieren, warten und konfigurieren. Damit sind viele Nutzer häufig nicht vertraut. Für diesen komplexen Einführungsprozess müssen Zeit und Geld aufgewendet werden. Hinzu kommt, dass die Marktanbieter häufig ihre eigenen Versionen des Standards ausliefern, die untereinander nicht immer kompatibel sind. Der 802.1x ermöglichst so viele Authentisierungsmethoden, dass der Nutzer Probleme hat, die für ihn vorteilhafteste auszuwählen.

Die OpenSEA Alliance versucht, diese Probleme durch die Entwicklung von Open Source Referenzinstallationen anzugehen, um Abhängigkeiten von Anbietern und Betriebssystemen zu reduzieren. Auf diese Weise erhofft man sich eine bessere Interoperabilität und damit eine weitere Verbreitung des Standards.

2.5.2.10 Varianten außerhalb des Standards

Für die Hersteller von Komponenten und Lösungen in einem bestimmten Gebiet ist die Arbeitsweise großer Standardisierungsgremien wie die des IEEE zu langsam. Aus diesem Grunde werden manchmal proprietäre Erweiterungen angeboten. Das macht auch vor dem WLAN nicht halt. Auf diese Weise findet man z. B. die Variante 802.11b+ auf dem Markt. Diese Variante ermöglicht Übertragungsraten von 22 bis 44 Mbit/s innerhalb des 2,4 GHz-Bandes. Auch für 802.11g existieren Ableger, die zwei Kanäle so bündeln, sodass Übertragungsraten von bis zu 108 Mbit/s erzielt werden können. Dazu sein angemerkt, dass all diese Varianten nicht von der IEEE entwickelt und freigegeben wurden. Das wiederum hat Auswirkungen auf die Kompatibilität der Komponenten mit Geräten anderer Hersteller.

2.5.2.11 Alternative Versuche

Auch auf europäischer Ebene hat man versucht, mit eigenen Standards Fuß zu fassen. Praktisch hat das keine Bedeutung gehabt. So hat die ETSI (European Telcommunication Standardization Institution) Komitees ins Leben gerufen mit der Aufgabe, Alternativen zur IEEE Standardisierungsvorschriften für drahtlose Kommunikation zu formulieren. Bekannt geworden sind diese Versuche unter den Bezeichnungen HIPERLAN/1 (1998) und HIPERLAN/2 (2000). HIPERLAN steht für High Performance Radio Local Network. Daneben gibt es HomeRF oder Home Radio Frequency Group, die im Jahre 1998 Übertragungsraten von 10 Mbit/s anbot.

2.6 OSI – die Physikalische Schicht im Detail

Die Hauptherausforderung bei der Funkübertragung auf der physikalischen Schicht besteht in dem Umstand, dass sich innerhalb des angebotenen Frequenzbandes viele Stationen gleichzeitig befinden, die versuchen, Daten zu senden. Überlappen sich die Reichweiten all dieser Teilnehmer für Senden und Empfang, so muss für dieses Problem eine Lösung gefunden werden.

Der Einsatz der beiden möglichen Spread Spectrum Modulationsverfahren ist Voraussetzung, dass zwischen den unterschiedlichen Teilnehmern im Netz differenziert werden kann. Hier kommen also für die Generierung der Funksignale FHSS und DSSS zum Einsatz. Obwohl FHSS schon früher verfügbar war, ist heute DSSS das am weitesten verbreitete Verfahren. Es besteht keine Kompatibilität zwischen beiden, sodass in ein und demselben WLAN nur Komponenten, die entweder dem einen oder dem anderen Verfahren gehorchen, eingesetzt werden können – niemals gemischt.

Die Vorteile der Spread Spectrum Methoden gegenüber einem einzelnen Übertragungskanal sind bereits erwähnt worden: sie sind robuster gegenüber Interferenzen – besonders dann, wenn diese von äußeren Störungen verursacht werden.

2.6.1 Das FHSS Verfahren

Beim Frequency Hopping Spread Spectrum wird das Funksignal in schmale Segmente zerlegt (s. Abb. 2.11). Das ermöglicht, dass das Signal in Sekundenbruchteilen mehrfach von einer Frequenz zu einer anderen wechselt. Diese Frequenzen werden zufällig ausgewählt. Das zugehörige Verfahren ist das GFSK: Gaussian Shift Keying. Dadurch wird ein Sprungmuster auf der Sendeseite erzeugt. Dieses Muster muss der Gegenseite beim Empfang natürlich bekannt sein, damit das Ganze funktioniert.

Obiges Verfahren gibt es jeweils für eine Kombination Sender/Empfänger. Da sich im Netzwerk viele solcher Kombinationen befinden, müssen entsprechend viele individuelle Sprungmuster erzeugt werden, damit im gesamten Netz parallel solche Datenübertragungen stattfinden können, ohne dass es zu Interferenzen kommt.

Die Komplexität des Gesamtgeschehens schließt nicht aus, dass es dennoch gelegentlich zu Kollisionen kommen kann. Ist das der Fall, wird das in Frage kommende Datenpaket nochmals versendet, damit der Empfänger eine korrekte Kopie erhält, was er daraufhin durch eine entsprechende Meldung quittiert. Zu diesem Zweck wird das 2,4 GHz-Band in 75 Unterkanäle mit einer Breite von jeweils 1 MHz gesplittet. Die Natur des Verfahrens erfordert ein entsprechendes Management, sodass von dem insgesamt verfügbaren Datenvolumen ein entsprechender Anteil für Overheads verloren geht. Dies geht natürlich zu Lasten der Nutzdaten. Das wiederum führt in letzter Konsequenz zu einer Verlangsamung der Übertragungsrate. Beim FHSS beträgt sie maximal 1 Mbit/s.

2.6.2 Das DSSS Verfahren

Direct Sequence Spread Spectrum ist am weitesten verbreitet. Es arbeitet jedoch ganz anders als FHSS. DSSS und FHSS sind nicht kompatibel. Beim DSSS wird nur ein Kanal von 22 MHz Breite benötigt. Zwischen den Frequenzen wird nicht

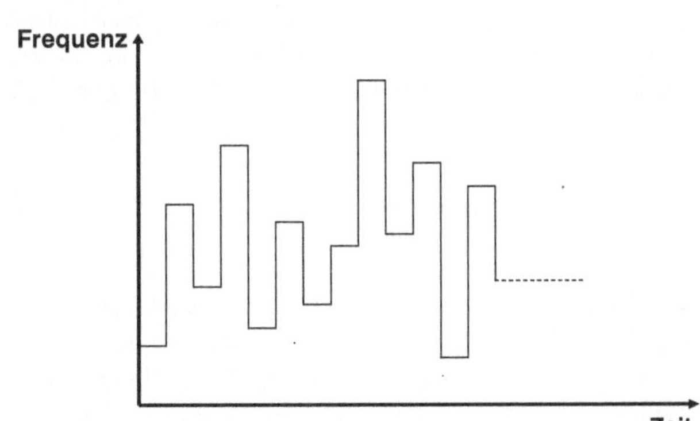

Abb. 2.11 Frequenzsprünge (Schema) im FHSS-Verfahren

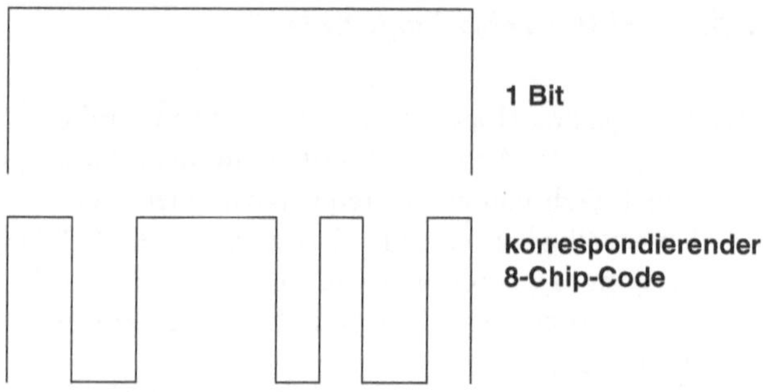

Abb. 2.12 Codierung im DSSS-Verfahren (schematisch)

gesprungen (s. Abb. 2.12). Das Verfahren beruht auf der Kombination des Datenstromes mit einem Chipping-Code über eine XOR-Anweisung. Die Daten werden durch zufällige Abfolgen von Bits gemappt. Diese Abbildungen sind nur Sender und Empfänger bekannt.

Durch dieses Verfahren werden die zu übertragenden Daten auf die gesamte verfügbare Bandbreite gespreizt. Für längere Chips wird mehr Bandbreite erforderlich. Die Sicherheit für eine fehlerfreie Datenübertragung wird dadurch erhöht.

Der Empfänger kann auf diese Weise nachvollziehen, ob die Daten von demjenigen Sender geschickt wurden, der den zugehörigen Chip-Code erzeugt hat. Fehlerprüfung basiert auf Überprüfung der Bitmuster. Sollten Bitmuster, die nicht dem Code zugeordnet werden können, auftauchen, werden diese herausgefiltert. Trifft das nur auf wenige Bits zu, erfolgte eine automatische Korrektur ohne Neuversendung der Daten. Insgesamt sind die Overheads beim DSSS geringer, sodass eine höhere Nettoübertragungsrate erzielt werden kann.

Die Overheads setzen sich wie folgt zusammen:

- Präambel: 144 bits, wovon:
  - 128 bits für Synchronisierung
  - 16 bits für das Start-of-Frame-Feld
- Header: 48 bits (Übertragungsrate, Paketlänge, Prüfcode).

Der Header selbst wird zunächst mit 1 Mbit/s per Default übertragen, da er ja erst die eigentliche Übertragungsrate informatorisch enthält.

Die Präambel wird anschließend automatisch entfernt. Sie wird jedoch bei der Festlegung der Übertragungsrate mitgezählt. Das hat zur Folge, dass die Nettoübertragungsrate grundsätzlich niedriger ist als die nominelle.

2.6.3 Die HR/DSSS Variante

DSSS ist noch verbessert worden. Diese Variante heißt HR/DSSS: High Rate Direct Sequence Spread Spectrum. Sie hat sich weitgehend durchgesetzt. Auch HR/DSSS arbeitet im 2,4 GHz Frequenzband. Durch die Modulationstechnik CCK (Complementary Code Keying) können Übertragungsraten von 5,5 bzw. 11 Mbit/s erreicht werden.

Tab. 2.3 Modulationsverfahren

Verfahren	Kürzel	Rate (Mbit/s)
Binary Phase Shift Keying-Modulation	BPSK	6–9
Quadrature Phase Shift Keying	QPSK	12–18
Quadrature Amplitude Modulation	QAM	24–36
64-QAM-Modulation	64-QAM	48–54

2.6.4 Die OFDM Methode

Orthogonal Frequency Division Multiplexing, kurz OFDM, bezeichnet eine weitere
Methode der Signalgenerierung in Funknetzen im 5 GHz-Band. OFDM setzt die
digitalen Daten in multiple Analogsignale um – anders als bei FHSS oder DSSS.
Die so erzeugten Daten werden parallel übertragen. Im Zuge des Verfahrens werden die Frequenzbänder zunächst in vier Kanäle aufgeteilt. Diese Kanäle wiederum
werden in 52 Unterkanäle mit einer Breite von jeweils 300 kHz unterteilt. Dabei ist
eine Überlappung von Unterkanälen unkritisch. Interferenzen werden durch zeit-
liche Taktung vermieden. Auch bei dieser Methode ist das Ziel eine Steigerung
der Übertragungsrate. Wegen regulativer Einschränkung der Sendeleistung ist die
Reichweite gegenüber den anderen Verfahren allerdings geringer.

Weiteren Einfluss auf die Übertragungsrate hat das eingesetzte Modulationsverfahren. Die Tab. 2.3 zeigt eine Übersicht:

Als logische Folge wurde dann die OFDM Methode auch auf das 2,4 GHz-Band
übertragen, mit der Maßgabe, auch in diesem Bereich entsprechend verbesserte
Übertragungsraten zu erzielen.

2.7 OSI – die Medienzugriffsschicht

Es gibt eine Reihe von grundsätzlichen Unterschieden in den Zugriffsverfahren
auf ein Übertragungsmedium zwischen den WLAN-Standards und den sonstigen
Standards der 802 Familie für sonstige lokale Netze. Begründet liegt das in den Besonderheiten der Funkübertragung. Dazu werden unterschiedliche Dienste für die
Medienzugriffsschicht durch den 802.11 Standard definiert. Diese Dienste legen die
Spielregeln für den Datenaustausch fest. Insbesondere beziehen sich die Dienste auf
die Aufbereitung der Daten für die Übertragung und die Übertragungssicherheit.

2.7.1 Verpackung

Wie bereits weiter oben ausgeführt, müssen für drahtlose Datenübertragungen die
Daten entsprechend nach vorhergehender Aufteilung verpackt werden. Im 802.11
Standard ist die Rede von MPDUs (MAC Protocol Data Units). Er beschreibt im

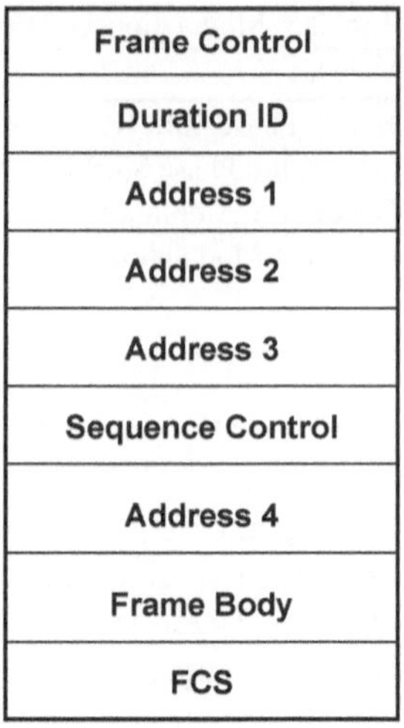

Abb. 2.13 Aufbau des Data
Frames

<table>
<tr><td>Frame Control</td></tr>
<tr><td>Duration ID</td></tr>
<tr><td>Address 1</td></tr>
<tr><td>Address 2</td></tr>
<tr><td>Address 3</td></tr>
<tr><td>Sequence Control</td></tr>
<tr><td>Address 4</td></tr>
<tr><td>Frame Body</td></tr>
<tr><td>FCS</td></tr>
</table>

Einzelnen, wie ein Datenpaket oder Frame aufgebaut ist. Innerhalb der Frames gibt es bestimmte Typen:

- Data Frames (Nutzdaten)
- Control Frames (Steuerdaten)
- Management Frames (für die Administration des Netzbetriebes).

Der Aufbau eines Data Frames, wie in der folgenden Abb. 2.13 zu sehen, enthält folgende Elemente:

- MAC Header
- Frame Body (Nutzdaten)
- Frame Check Sequence (Prüfsumme als 32 bit Cyclic Redundancy Code (CRC)).

Die Länge des Frame Body ist variabel, alle anderen Felder haben eine feste Länge in festgelegter Sequenz. Hier die Adressenfolge:

- Adresse: Zieladresse (Empfänger)
- Adresse: Quelladresse (Sender)
- Zwei Folgeadressen: Steuerung der Weiterleitung.

Es gibt unterschiedliche Konfigurationsparameter bei den Access Points. Dazu gehört auch eine Schwelle für die Fragmentierung. Sie legt die maximale Paketlänge fest (Default: 2432). Falls ein Paket diese Grenze nach oben nicht einhält, erfolgt eine Aufteilung in entsprechend viele weitere Fragmente.

2.7.2　Kollision

Zusammenfassend lässt sich sagen, dass über die MAC-Schicht der Datenverkehr im drahtlosen Netz gesteuert wird. Ein wesentlicher Aspekt dabei ist die Vermeidung von Kollisionen, die dann auftreten können, wenn gleichzeitig Daten von verschiedenen Stationen abgeschickt werden.

2.7.2.1 Arbeitsweise von CSMA/CA

Es wird ein Zufallverfahren eingesetzt, um entsprechend 802.11 auf einen Funkkanal zuzugreifen. Dieses Verfahren läuft unter der Bezeichnung Carrier Sense Multiple Access with Collision Avoidance – CSMA/CA. Das ist die Basis für die Möglichkeit konkurrierenden Zugriffs auf ein Medium für mehrer Stationen gleichzeitig. Das funktioniert wie folgt:

Angenommen, eine Station ist bereit, Datenpakete auf den Weg zu bringen. Bevor das passieren kann, muss diese Station zunächst das System abhören, ob andere Signale kursieren. Ist das nicht der Fall, wird als nächstes eine kurze Zeitspanne zugewartet. Das nennt man Inter Frame Spacing. Dann hört die Station nochmals ins Medium hinein. Bei Funkstille wird das Paket dann abgeschickt. Der Empfänger checkt die Integrität der Daten. Bei positiver Entscheidung wird nochmals eine kurze Zeit (Short Inter Frame Spacing) abgewartet. Dann erfolgt die Bestätigung an den Sender. Falls der Sender keine Bestätigung erhält, geht er davon aus, dass eine Kollision mit einem anderen Datenpaket stattgefunden hat. Der Sender wartet wiederum eine kurze Zeit. Dann wird eine neue Übertragung angestoßen.

2.7.2.2 Die RTS/CTS Erweiterung

Auch für CSMA/CA gibt es eine weitere Optimierungsmöglichkeit – das RTS/CTS-Verfahren. Hierbei geht es um das Problem sogenannter „versteckter" Terminals. Das sind Endgeräte, mit denen nicht kommuniziert werden kann, weil Signale zu schwach werden. Das Verfahren sieht vor, dass der Sender ein „request to send" -Paket abschickt. Damit wird ein Übertragungskanal reserviert. Das wird durch den Empfänger durch ein „clear to send"-Paket bestätigt. Alle anderen Stationen halten sich für den entsprechenden Zeitraum zurück, dadurch, dass sie sich die Belegungsdauer aus den RTS/CTS-Paketen merken. Versucht dennoch eine weitere Station zu senden, steuert CSMA/CA alle weiteren Stationen aus, bis die eine Station ihre Arbeit erledigt hat.

Ein weiterer Konfigurationsparameter für Access Points ist die CTS/RTS-Schwelle. Darüber wird die Paketgröße definiert, die als Kriterium festlegt, ob letztendlich die CSMA/CA Methode des WLAN-Standards oder die CSMA/CD Methode für LANs zum Tragen kommt.

2.7.3 Adressraum

Für die Protokolle der 802.11 MAC-Schicht ist ein Adressraum festgelegt, der über die allgemeinen LAN-Standards der 802-Familie definiert wird. Es gibt eine

MAC-Adresse (Medium Access Control Address), die der Identifizierung von Komponenten dient. Diese Adresse ist 48 bits lang in hexadezimaler Schreibweise und korrespondiert zur Seriennummer, die von den Herstellern von Netzwerkkomponenten vergeben wird. Davon sind die ersten 24 bits von der IEEE für die Identifizierung des Herstellers selber reserviert. Die anderen 24 bits stehen dem Hersteller zur Verfügung.

2.7.3.1   Adressierung

Die MAC-Adressen werden durch die Protokolle der MAC-Teilschicht ausgewertet, und die 802.11 Komponenten im Netz lassen sich darüber entsprechend adressieren. Außerdem dienen sie dazu, die Protokolle der höheren OSI-Schichten anzusprechen. Man kann also einer Komponente über dessen MAC-Adresse eine IP-Adresse für Internetzugang zuordnen (s. Abb. 2.14). Das geschieht über das sogenannte Address Resolution Protocol (ARP).

Die Anwendung von MAC-Adressen erfolgt in normalen LANs und in WLANs nach denselben Regeln. Deshalb kann ein Internetprotokoll nicht unterscheiden, ob es mit einem LAN oder WLAN zu tun hat.

2.7.3.2   Selektion

Beim Konfigurieren von Access Points besteht die Möglichkeit, MAC-Adressfilter zu definieren. Diese Filter dienen dazu, bestimmte MAC-Adressen für den Zugang zuzulassen, andere wiederum nicht. Die Verwaltung dieser MAC-Adressen erfolgt manuell in Tabellen. Das erfordert einen entsprechenden Aufwand. Hier findet sich auch ein weiteres Sicherheitsproblem, das MAC Address Spoofing: die Vortäuschung von MAC-Adressen. Kennt ein Angreifer eine gültige MAC-Adresse, kann er sein eigenes Gerät so einrichten, dass es diese dem Netz mitteilt, und so Zugang gewinnen.

2.7.4   SSID

Nach Standard 802.11 sollte jedes Netzwerk einen eigenen Namen erhalten, damit es von den verbundenen Stationen identifiziert werden kann. Dieser Netzwerkname

#	IP Address	Device Designation	MAC Address
1	192.168.0.3	MYTRAVELMATEXP	00:00:e2:30:6e:82
2	192.168.0.4	DELLPROF	00:10:5a:bb:0b:cb
3	192.168.0.5	FUJI	00:30:f1:15:4b:6f

Abb. 2.14 Mapping von IP- zu MAC-Adressen in der Access Point Liste

ist frei wählbar und läuft unter SSID (Server Set Identifier). Er kann 32 Zeichen lang sein. Man kann ihn auch auf null setzen entsprechend dem Betriebsmodus „Any" für einen Access Point. Mit „Any" ist das Netz für jedermann zugänglich. In diesem Fall schickt der Access Point ununterbrochen Beacon Frames hinaus, um auf sich aufmerksam zu machen. Hat das Netzwerk dagegen einen konkreten Namen, erwartet der Access Point, dass die Stationen ihn unter dieser Kennung kontaktieren.

Die SSID stellt also eine Art von Zugangskontrolle dar. Diese Zugangskontrolle ist jedoch nur eine sehr schwache. Die SSID wird immer im Klartext gesendet, wenn Daten übermittelt werden. Sie kann also leicht ermittelt werden. Ein besonderes Risiko stellen SSIDs dar, die sprechende oder halbsprechende Bezeichnungen verwenden, die Aufschluss über den User oder seine Organisation ermöglichen. Das sollte auf jeden Fall unterlassen werden.

2.7.5 *Authentifizierung*

Es liegt in der Natur drahtloser Kommunikation, dass sie erheblich anfälliger gegen Netzattacken und Spionage ist als etwa drahtgebundene Systeme, die feste Verbindungen aufweisen. Deshalb bedürfen sie besonderer Sicherheitsmaßnahmen, die bereits auf der Ebene der Authentifizierung beginnen. Das ganze findet auf der MAC-Schicht statt, und die IEEE hat in ihren 802.11 Standards entsprechende Vorgaben dafür gemacht. Eine Authentifizierung ist unerlässlich, bevor eine Station zum Verkehr in ein WLAN zugelassen wird. Sie muss sich sozusagen als Mitglied der Netz-Community ausweisen. Es gibt nun zwei Arten für eine solche Authentifizierung:

- Open System und
- Shared Key.

2.7.5.1 Die Open System Variante

Der Default ist das Open System Verfahren. Es handelt sich dabei aber in Wirklichkeit gar nicht um ein echtes Authentifizierungsverfahren. Deshalb spricht man bei ihm auch von der „null authentication". Denn eine Station, die auf diese Methode hin konfiguriert ist, kann sich gegenüber jeder anderen Station, die im gleichen Modus betrieben wird, genauso authentifizieren und umgekehrt. Dabei handelt es sich um ein zweistufiges Verfahren:

- Anforderung und
- Bestätigung.

Erst nach erfolgter Bestätigung kann im WLAN gearbeitet werden. In einem System, in dem alle Stationen in diesem Modus operieren, kann jemand mit einem Laptop sich mit allen anderen Netzwerken austauschen, wenn keine Verschlüsselung vorliegt.

2.7.5.2   Das Shared Key Verfahren

Shared Key ist Teil des WEP-Verfahrens (s. u. Wired Equivalent Privacy). Insofern muss WEP im Einsatz sein, damit es funktioniert. Bei dieser Methode wird ein gemeinsamer Schlüssel zwischen Access Point und beteiligter Station vorhanden sein. Im Zuge des Austausches eines Testpieces muss die Station zunächst dem Access Point diesen Schlüssel mitteilen. Das Verfahren im Detail sieht so aus:

- Authentifizierungsanfrage der sendenden Station an Access Point unter Bekanntgabe der eigenen MAC-Adresse, einer AAI (Authentication Algorithm Identification) = 1 für Shared Key und einer Sequenznummer zur weiteren Steuerung der folgenden Authentifizierungsschritte.
- Antwort des Access Points mit derselbe AAI, Sequenznummer+1, einer Zufallzahl von 128 Bytes Länge.
- Neue Sequenznummer+1 Verschlüsselung aller drei Daten durch den Access Point unter Verwendung des gemeinsamen Schlüssels durch die Station und Rücksendung an den Access Point.
- Prüfung durch den Access Point durch Entschlüsselung, ob der gemeinsame Schlüssel stimmt.
- Bestätigung durch den Access Point.
- Zugang der Station zum Netzwerk.

Dieses Verfahren ermöglicht also den Zugang zum Netzwerk auf Teilnehmer, die sich auf diese Weise authentifizieren können.

2.7.6   Das Wired Equivalent Privacy – (WEP) Verfahren

Die Architekten vom Standard 802.11 waren sich von Anbeginn an über die besonderen Sicherheitsbedürfnisse von Funknetzen im Klaren. Deshalb wurde auch sofort an eine mögliche Sicherheitsarchitektur gedacht. Diese erste Sicherheitsarchitektur wurde unter der Bezeichnung Wired Equivalent Privacy (WEP) eingebracht. Hierbei handelt es sich um ein so genanntes symmetrisches Verschlüsselungsverfahren gegen unbefugte Attacken. Es gibt einen geheimen Schlüssel, der nur dem Access Point und seinen zugehörigen Stationen bekannt ist. Der Standard führt allerdings nicht aus, wie das im Detail erfolgen soll. Das bedeutet, dass in einem WLAN überall nur ein gemeinsamer Schlüssel verwendet wird. Abbildung 2.15 zeigt das WEP-Verfahrung im Grundschema.

Es gibt zwei Möglichkeiten, WEP einzusetzen:

- Zur Verschlüsselung von Datenpaketen oder
- in Kombination mit der Shared Key Authentifizierung.

Im ersten Fall erfolgt der Einsatz wie oben beschrieben:

- Verschlüsselung der Daten durch den Sender
- Entschlüsselung durch den Empfänger mit demselben Schlüssel.

Abb. 2.15 Das
WEP-Verfahren

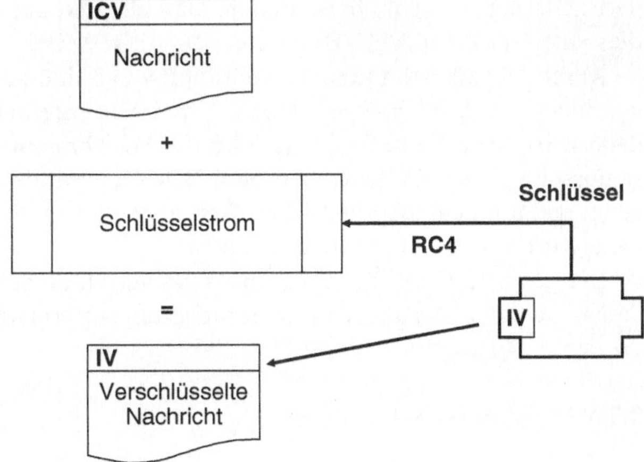

Die Schwächen von WEP sind schon bald nach den ersten Implementierungen offenbar geworden. Es ist auf keinen Fall geeignet, energischen Angreifern standzuhalten. Es gibt Computerprogramme, die Datenpakete auswerten, um an den WEP-Schlüssel heranzukommen. Die Schwachstellen von WEP haben mehrere Ursachen.

2.7.6.1 Das Verschlüsselungsverfahren

Eine der Ursachen für die WEP-Schwachstellen liegt im Verschlüsselungsverfahren selbst begründet. Die verwendeten Schlüssellängen betragen nach 802.11 64 oder 128 bits. Davon sind allein schon 24 bits vorbelegt, sodass nur noch 40 bzw. 104 bits für den User zur Auswahl stehen. Deshalb spricht man auch von einer 40. bzw. 104-bit-Verschlüsselung.

Im Falle einer frei verfügbaren Länge von nur 40 bits können insgesamt vier Schlüssel festgelegt werden, die aus jeweils fünf Gruppen in hexadezimaler Schreibweise bestehen. Man kann diese Werte entweder manuell eingeben oder automatisch erzeugen lassen. Bei automatisierter Erzeugung ist das Verfahren zusätzlich durch ein Paßwort geschützt.

Für die WEP-Verschlüsselung kommt der RC4-Algorithmus (Rivest Cipher No. 4 nach dem Erfinder Ron Rivest) zum Tragen durch eine so genannte Stromchiffre. Dabei wird durch einen Zufallsgenerator aus einem geheimen Schlüssel mit fester Länge ein Strom von weiteren Schlüsseln erzeugt.

Ein 24 bit ebenfalls zufälliger Initialisierungsvektor (IV) und die 40 bzw. 104 bits für den Access Pointe setzen sich zu dem geheimen Schlüssel zusammen. Außerdem wird vor Versendung der Userdaten in einer Nachricht noch eine CRC-Prüfsumme von 32 bits Länge generiert und als ICV (Integrity Check Value) an die Daten gehängt. Der zu generierende Schlüsselstrom muss nun die gleiche Länge wie das so erweiterte Userdatenpaket haben. Die Nachrichtenlänge nach dem 802.11 Standard darf 2.304 Bytes nicht überschreiten: Das schränkt auch die Größe des Frame Bodies unter WEP auf 2.312 Bytes ein.

Anschließend erfolgt die Verknüpfung von Schlüsselstrom und Userdaten. Das geschieht durch XOR-Operationen. Unter Voranstellung des IV wird das Ganze dann verschickt. Beim Empfang wird das Verfahren umgekehrt, sodass der unverschlüsselte Dateninhalt sichtbar wird. Danach wird die Checksumme nochmals erzeugt und mit dem ursprünglichen Wert abgeglichen. Nur wenn beide übereinstimmen, wird das Datenpaket übernommen.

Die gesamte Verschlüsselung im WEP-Verfahren bezieht sich nur auf die Userdaten, nicht auf Management- oder Steuerungsinformationen.

2.7.6.2 Schlüsselverwaltung

WEP kennt keine echte Schlüsselverwaltung. D. h. dass für alle Komponenten in einem Netzwerk nur ein einziger Schlüssel zum Einsatz kommt. Wegen der vielen Beteiligten gibt es Widerstände, diesen Schlüssel regelmäßig zu wechseln. Wird einem Gastuser dieser Schlüssel mitgeteilt, damit er arbeiten kann, so geht diese Information zwangsläufig nach außen. Adapterschlüssel sind manchmal auch über den Hersteller abzufragen. Da es sich um nur einen einzigen Schlüssel handelt, steht und fällt die Sicherheit des gesamten Netzwerkes mit ihm.

Trotz all dieser bekannten Schwächen werden von vielen Herstellern nach wie vor nur Komponenten mit WEP-Sicherheit auf den Markt gebracht. Bei der Verwendung von WEP sollte man die Schwächen dadurch zu kompensieren helfen, dass man wenigstens den Schlüssel regelmäßig wechselt.

2.7.6.3 Problem Schlüssellänge

Ein weiteres gravierendes Problem bei WEP besteht in der Länge der Schlüssel. Mit nur 64 bits sind sie viel zu kurz, um entschlossenen Angriffen zu trotzen. Selbst mit relativ einfachen Computerprogrammen lassen sich über Kombinatorik abgehörte Daten so analysieren, dass ein solcher Schlüssel entziffert wird. Bestehen die Schlüssel zudem nur aus reinen ASCII-Zeichen in hexadezimaler Schreibweise, so wie sie manche Hersteller ausliefern, wird es den Hackern noch einfacher gemacht. Neuere Lösungen mit Schlüssellängen von 128 bits sind allerdings mit einfachen Methoden nicht mehr leicht zu knacken.

2.7.6.4 Der Initialisierungsvektor

Die Liste der WEP-Schwachstellen wird erweitert durch den Initialisierungsvektor, der ebenfalls zu kurz ist: 24 bits. Diesen Vektor generiert der Sender. Der 802.11 Standard sieht vor, dass er spezifisch für jedes Datenpaket erzeugt wird. Jedenfalls wird erwartet, dass die Komponenten mit dieser Möglichkeit ausgestattet sind.

Nicht alle Hersteller befolgen diese Vorgabe, sodass der Initialisierungsvektor nach wie vor eine bekannte Schwachstelle darstellt.

Damit die Verfahren über Stromchiffren erfolgreich und damit sicher arbeiten, muss vorausgesetzt werden, dass der erzeugte Bitstrom sich zwischen je zwei Datenpaketen unterscheidet. Bei 24 bits können maximal 10^{24} Schlüssel generiert werden. Auch bei einer zufälligen Erzeugung von Schlüsseln besteht eine endliche Wahrscheinlichkeit, dass beim Versand einer bestimmten Anzahl von Datenpaketen ein bereits vergebener Schlüssel wieder erscheint.

Findet aber ein Angreifer denselben Schlüssel in zwei unterschiedlichen Datenpaketen, kann er durch logische Operationen auf die verschlüsselten Daten eine Entschlüsselung erzielen. Er hat dann die Möglichkeit, selbst Datenpakete zu plazieren, bis der Schlüssel wieder gewechselt wird.

2.7.6.5 Unzureichende Authentifizierung

Selbst die oben erwähnten Authentifizierungsprotokolle sind vor Entschlüsselung nicht sicher. Der Grund liegt darin, dass sowohl für die Authentifizierung als auch für die Userdaten derselbe Schlüssel eingesetzt wird. Außerdem braucht ein Access Point seine eigene Identität gegenüber einer Station nicht nachzuweisen – im Gegensatz zur Station ihm gegenüber. Das eröffnet die Möglichkeit, mit vorgetäuschten Access Points Zugang zum Netz zu gewinnen.

2.7.7 WEP als Minimalschutz

Die Schwachstellen von WEP sind ausreichend dargestellt worden. Soll man nun ganz auf WEP verzichten? – Sind keine besseren Schutzmöglichkeiten vorhanden, kann selbstverständlich auf WEP zurück gegriffen werden. Eine Möglichkeit, dort etwas zu verbessern liegt in der Wechselstrategie für Schlüssel. Das macht es für einen Angreifer zumindest mühsamer. Erhebungen zeigen, dass selbst WEP nicht allzu häufig genutzt wird, da der Standard das nicht zwingend vorschreibt.

Nachweisen lassen sich die ganzen Schwächen eines WEP-geschützten WLANs durch die Erfolge der Wardriver, die über ihre Endgeräte Zugang gewinnen können. Die kostenlose Mitbenutzung von Internetzugängen ist dabei ein Ziel, andere sind im Ausspionieren und der Manipulation fremder Daten zu suchen.

2.7.8 WPA

Um die Schwächen von WEP zu kompensieren, wurden proprietäre Verfahren entwickelt, um bessere Sicherheitsmechanismen zu implementieren, etwa WEPplus oder Fast Packet Keying. Erfolgreich war die WPA-Prozedur (Wi-Fi Protected Access) der Wi-Fi-Alliance, die seit 2002 verfügbar wurde.

Abb. 2.16 Wi-Fi-Logo

2.7.8.1   Das TKIP Verfahren

TKIP (Temporal Key Integrity Protocol) wurde nachträglich für den Standard 802.11i definiert. Es kam allerdings vorher bereits für WPA zum Einsatz. Statt eines stationären Schlüssels wird mit einem temporären gearbeitet. Die R4C-Prozedur wurde allerdings beibehalten, um Kompatibilität zu erreichen. Insofern ist TKIP eine Verbesserung von WEP mit

- Einem erweiterten Initialisierungsvektor
- Einer dynamischen Schlüsselgenerierung
- Dem kryptografischen Message Integrity Check (MIC).

2.7.9   Zertifizierung

Die Wi-Fi-Alliance vergibt auch ein Zertifikat für WLAN-Komponenten in Form eines speziellen Logos (s. Abb. 2.16). Unter www.weca.net werden zertifizierte Geräte aufgelistet.

Ziel einer solchen Zertifizierung ist Kompatibilität. Geräte, die mit dem Logo versehen sind, können miteinander im gleichen Frequenzband kommunizieren, auch wenn sie von unterschiedlichen Herstellern stammen.

Eine weitergehende Zertifizierung betrifft WPA. Dafür entwickelte die Wi-Fi-Alliance ein eigenes Zertifikat unter der Bezeichnung Wi-Fi CERTIFIED for WPA2.

2.8   WMAN

Über WLAN hinaus gibt es Konzepte für Funknetze, die insgesamt größere Reichweiten bedienen sollen. Eine spezielle Task Force der IEEE (die 802.16) hat sie entwickelt. Es handelt sich dabei um Wireless Metropolitan Area Networks (WMAN). Diese Gebilde sollen Gebiete mit Reichweiten von 50 km bei einer Datenübertragungsrate von 70 Mbit/s abdecken. Das Ganze spielt sich in den Frequenzbereichen von 10 bzw. 66 GHz ab. Im Jahre 2002 lag der erste Entwurf vor, gefolgt von

802.16a in 2003. Diese Version bezog die Frequenzbereiche von 2 bis 11 GHz mit ein. In diesen Bereich fallen auch die von WLANs genutzten Frequenzen. Komponenten kommen allerdings erst langsam auf den Markt, um schon eine ernstzunehmende Konkurrenz für DSL zu sein.

Es gibt, ähnlich wie bei WLANs die Wi-Fi-Alliance, ebenfalls eine Vereinigung, die die Verbreitung von WMAN fördert – das WIMAX-Forum für Worldwide Interoperatbility for Microwave Access.

2.9 Rechtliche Aspekte

Funknetze sind zunächst Gegenstand der gängigen Gesetzgebung im IT- und Kommunikationsbereich. Folgende Gesetzeswerke, die unterschiedliche Aspekte der IT-Sicherheit berühren, sind von Interesse:

- Bundesdatenschutzgesetz (BDSG)
- Informations- und Kommunikationsdienstegesetz (IuKDG)
- Fernmeldeverkehr-Überwachungs-Verordnung (FÜV)
- Signaturgesetz (SigG)
- Signaturverordnung (SigV)
- Teledienstgesetz (TDK)
- Teledienste-Datenschutzverordnung (TDSV)
- Telekommunikationsgesetz (TKG).

Darüber hinaus existieren Regelungen, die die Vergabe und Nutzung von Frequenzbereichen betreffen. Hier sind unterschiedliche Ebenen tätig:

- Die ITU (International Telecommunications Union) weltweit
- Die CEPT (Conference Europeenne des Postes et Telecommunications) auf europäischer Ebene
- Das BMVIT (Bundesministers für Verkehr, Innovation und Technologie).

2.9.1 Lizenzfragen

In Europa ist die Bedeutung der für WLAN und DSL notwendigen Technologien erkannt worden. Dazu wurde ein entsprechender Rechtsrahmen etabliert. Er betrifft elektronische Netze und Dienste. Nach dieser Richtlinie sind Anbieter von Kommunikationsnetzen nicht länger gehalten, gesonderte Anträge für Einzellizenzen zu stellen. Eine Allgemeingenehmigung genügt fortan.

Schon im Jahre 2003 beschäftigte sich die EU-Kommission mit WLANs. Eine entsprechende Empfehlung lautet auszugsweise: „Funk-LAN-Systeme dürfen entweder das Frequenzband von 2.400,0–2.483,5 MHz (nachfolgend ‚2,4-GHz-Band' genannt) oder die Frequenzbänder von 5.150–5.350 MHz oder von

5.470–5.725 MHz (nachfolgend ,5-GHz-Bänder' genannt) ganz oder teilweise nutzen." Damit entfällt für WLANs die Lizenzpflicht. Ausnahme sind Netze, die sich über mehrere Grundstücke erstrecken, zur Vermeidung von Interferenzen.

Diese Freigabe betrifft insbesondere Hotspots, aber auch sonstige Funknetze, sofern sie nicht kommerziell betrieben werden. Betroffen ist dabei die physikalische Schicht des OSI-Modells für Funknetze. Die gesetzlichen Vorschriften für die Inhalte, die über Netze ausgetauscht werden, unterliegen den einschlägigen rechtlichen Bestimmungen wie Copyright oder Jugendschutz etc.

Kapitel 3
WLAN Architektur

WLAN Architektur oder Topologie meint die Anordnung von Komponenten, und wie diese untereinander verbunden sind. Der 802.11 Standard beschreibt, wie solche Topologien aussehen können. Das Spektrum von unterschiedlichen Topologien beginnt bei der einfachsten Architektur, die nur zwei Geräte beinhaltet bis zu ausgedehnten komplexen Netzwerken. Die Sende- und Empfangsgeräte, die Elemente dieser Architekturen sind, werden als Stationen bezeichnet.

Entsprechend 802.11 setzen sich Funknetze aus Zellen zusammen (s. Abb. 3.1). Diese Zellen kombinieren ihrerseits wieder zu ausgedehnten Netzen. Die Reichweite der beteiligten Sender legt die Ausdehnung einer Funkzelle fest. Diese Ausdehnung ist abhängig von der Antenne und deren Leistung. Im Standard-Dokument lautet die Bezeichnung für eine solche Zelle Basic Service Set (BSS).

3.1 BSS

Ein BSS ist also definiert durch die Fläche bzw. den Raum, innerhalb dessen die zu dieser Zelle gehörigen Stationen untereinander kommunizieren können. Dabei werden die lokalen Grenzen bestimmt durch die jeweiligen Reichweiten. Eine weitere Voraussetzung ist, dass alle Stationen sich über den gleichen Kanal austauschen.

Stationen sind mobil. So kann es geschehen, dass die eine oder andere sich außerhalb der Reichweiten der Netzpartner bewegt. In diesem Fall sind die betroffenen Stationen nicht mehr Bestandteil des vorherigen BSS (s. Abb. 3.2).

Eine weitere Konstellation, die denkbar ist, sind sich überlappende Stationen. Das führt dazu, dass einige Stationen für alle anderen erreichbar sind, einige wiederum können nur eine begrenzte Anzahl von anderen Stationen erreichen. Um eine Funkzelle weiter zu entwickeln, kann man einfach weitere Stationen hinzufügen.

W. W. Osterhage, *sicher & mobil,*
DOI 10.1007/978-3-642-03083-3_3, © Springer-Verlag Berlin Heidelberg 2010

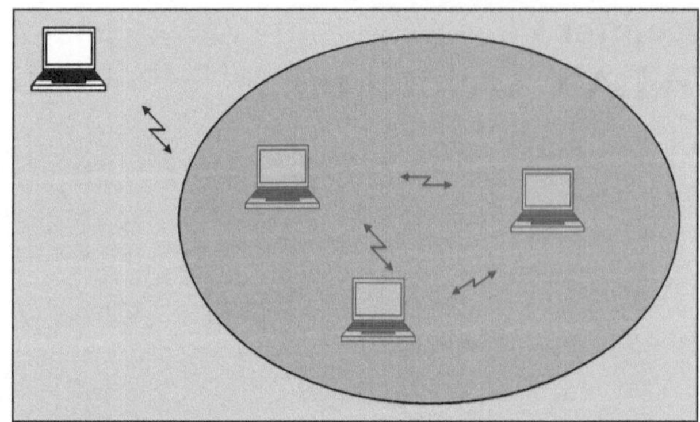

Abb. 3.1 Stationen innerhalb und außerhalb einer
Funkzelle

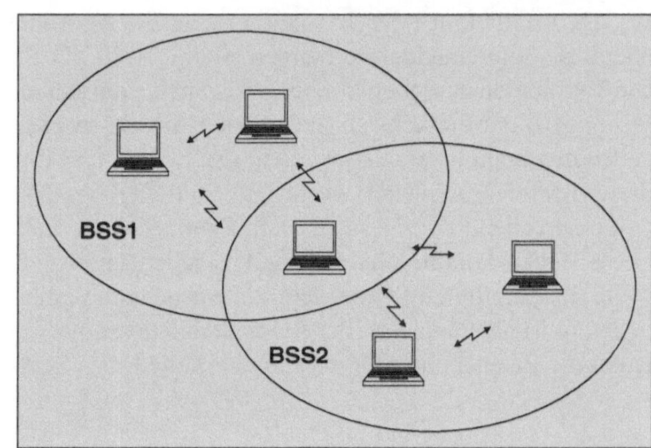

Abb. 3.2 Überlappende BSS

3.2 Der Ad-hoc-Modus

Am untersten Ende des Spektrums der Netzwerkarchitekturen steht die Zelle, die
lediglich aus zwei Computern besteht (s. Abb. 3.3), die senden, empfangen und
Daten austauschen können. Auf diese Weise bilden bereits zwei Laptops ein erstes
WLAN. Auch wenn ein weiteres Gerät hinzugefügt wird, ist noch keine Zentralver-
waltung erforderlich. Es nimmt einfach an der Kommunikation teil. Bei normalen
LANs müsste das über eine zusätzliche Verkabelung erreicht werden.

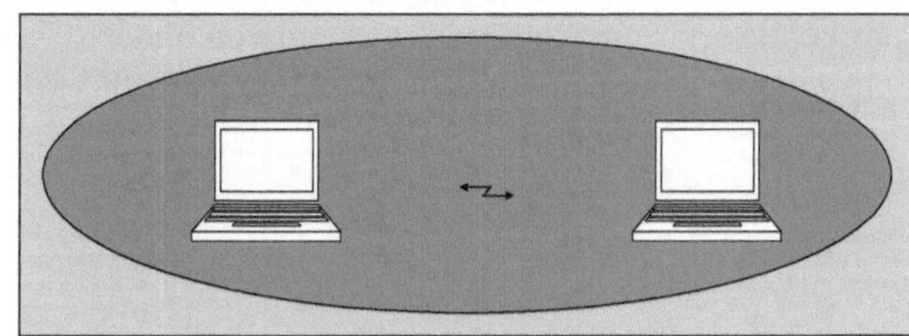

Abb. 3.3 Ad-hoc-Vernet-
zung von zwei Stationen

3.2.1   Von BSS zu IBSS

In der Praxis lassen sich solche Ad-hoc-Netzwereke bis zu einer bewissen Anzahl
von Teilnehmern ständig erweitern. Diese Funkzellen werden in der 802.11 Spezifikation als Independent Basic Service Set (IBSS) bezeichnet. Zentrale Konfiguration
und Steuerung werden nicht benötigt – daher der Name Ad-hoc-Netzwerke. Alle
Stationen sind gleichberechtigt. Der Datenaustausch erfolgt direkt zwischen den
einzelnen Teilnehmern. Man nennt diese Art von Zusammenarbeit auch Peer-to-
Peer-Workgroup.

Voraussetzung für das Funktionieren eines solchen WLANs ist die Aktivie-
rung des Ad-hoc-Modus auf allen Stationen sowie die Selektion eines gemeinsamen Übertragungskanals. Normalerweise werden Reichweiten von zwischen 30
und 50 m innerhalb desselben Gebäudes erzielt. Außerhalb kann es zwischen 100
und 300 m gehen. Nutzt man mehrere Kanäle, ist die Konstruktion von mehreren
Netzen im selben geografischen Bereich möglich, ohne dass es zu Interferenzen
kommt. Das Wandern einer Station von einem Netz zu einem anderen Ad-hoc-Netz
ist so allerdings nicht möglich.

3.2.2   Die flexible Natur der Ad-hoc-Netze

Der Ad-hoc-Modus ist ideal für den Aufbau von kurzfristig erforderlichen und zeitlich begrenzt zu nutzenden Netzwerken. Das ist z. B. besonders interessant auf Ta-
gungen oder Ausstellungen. Durch den Wegfall von aufwendigen Verkabelungen
können Kosten eingespart werden, die auch durch die Verwendung von Netzwerk-
adaptern nicht aufgewogen werden. Die äußere Erscheinungsform eines solchen
Netzes ist ein Maschennetz bzw. ein partielles Maschennetz.

Der große Nachteil von Ad-hoc-Netzwerken besteht darin, dass sie ernsthafte
Sicherheitsprobleme mit sich bringen. Der Ad-hoc-Modus bietet in der Regel keine
ausreichenden Sicherheitsprozeduren an. Der Angreifer hat es leicht. Er muss lediglich den betriebenen Kanal kennen, um sich in das Geschehen einzuklinken. Nach
Freigabe des Standards 802.11i hat sich die Situation gebessert. Der Ad-hoc-Modus
stellt jetzt auch zusätzliche Absicherungsmöglichkeiten zur Verfügung.

3.3   Der Infrastruktur-Modus

Neben dem Ad-hoc-Modus können WLANs auch im Infrastruktur-Modus betrieben
werden (s. Abb. 3.4). In diesem Modus sind die einzelnen BSS Teil eines weitver-
zweigten Netzwerks. Das führt dazu, dass die Stationen nicht mehr Punkt-zu-Punkt
miteinander kommunizieren. Der Datenverkehr läuft über eine zentrale Stelle, den
Access Point.

Abb. 3.4 Beispiel
eines WLANs im
Infrastruktur-Modus

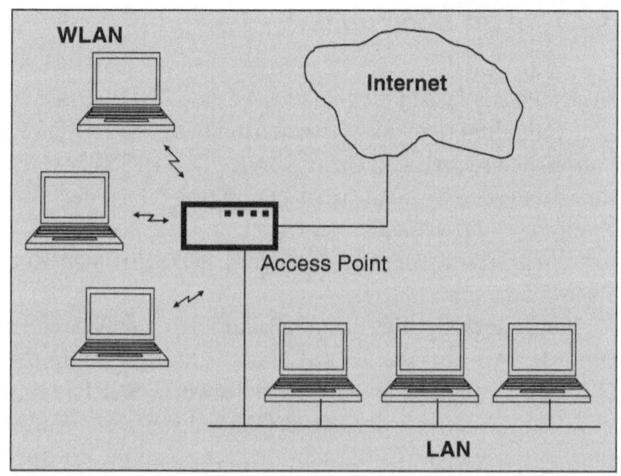

Ähnlich klassischer Zentralrechner-Anwendungen füllt der Access Point die
Rolle einer Brücke aus, über die eine Station eine andere erreichen kann. Die Zel-
lenreichweite um einen Access Point herum beträgt zwischen 30 und 250 m. Über
seine Funktion im WLAN hinaus kann ein Access Point auch als Gateway zu einem
existierenden LAN dienen.

3.3.1 LAN Gateway

WLANs ersetzen in der Regel keine existierenden oder konzipierten LANs. Außer
im privaten Bereich und für kleinere Anwendungen sind sie als Ergänzungen zu
LAN-Architekturen zu sehen. Somit spielt die Integration zwischen einem WLAN
und einem LAN eine übergeordnete Rolle. Durch das Angebot leistungsfähiger und
erschwinglicher WLAN-Komponenten in letzter Zeit ist jedoch ein relatives Un-
gleichgewicht zu Gunsten des WLANs eingetreten. Eine Schlüsselfunktion nimmt
dabei der Access Point ein. Neben seiner Steuerungsfunktion im WLAN ermöglicht er auch den Zugang zu einem angebundenen LAN. Dadurch sind Zugriffe
auf die im LAN vorhandenen Ressourcen möglich: Datenbanken, Peripheriegeräte
etc. WLAN und LAN können so eine architektonische Einheit bilden, um ganz bestimmte Anwendungen in einer Organisation zu realisieren. Die Vorteile treten dann
zu Tage, wenn definierte mobile Nutzergruppen eingebunden werden sollen, oder
wenn sich eine Verkabelung aus unterschiedlichen Gründen verbietet (räumliche
Gegebenheiten, Kosten etc.).

Die einfachste Architektur eines WLANs im Infrastrukturmodus besteht aus
einem einzigen Access Point und einer oder mehrerer Stationen. Der Access Point
ist dabei das zentrale Element. Darüber hinaus sind Erweiterungen über zusätzliche
Stationen bzw. Access Points mit ihren jeweils zugeordneten Teilnehmern in fast
unbegrenzter Kombinatorik denkbar.

3.3.2 *Distribution Systems*

Man spricht von Distribution Systems – Verteilsystemen – wenn mehrere Funkzellen, je bestehend aus einem Access Point und seinen zugehörigen Stationen, zu größeren Einheiten zusammengeschlossen werden. In fest verdrahteten Netzen wäre diese Konfiguration eine statische. Die Beziehung einer Station zu einem BSS ist aber grundsätzlich dynamisch. Eben wegen des mobilen Grundprinzips kann sich eine Station zwischen unterschiedlichen BSS bewegen (s. Abb. 3.5).

Will man z. B. zwei LANs mit drahtloser Technologie verbinden, so bieten sich zwei Access Points an. Sie können als Brücke zwischen den LANs dienen. So lassen sich selbst größere Entfernungen zwischen Gebäuden überbrücken, wenn die Antennenleistung stimmt.

Unter einem Extended Service Set (ESS) versteht man eine Konfiguration, in der mehrere Access Points miteinander in Verbindung treten. Auf diese Weise lassen sich auch größere Gebäudestrukturen abdecken. Auch hier können alle denkbaren Möglichkeiten der Mobilität ausgeschöpft werden, was die Beweglichkeit von Endgeräten innerhalb dieser Netzarchitektur betrifft.

Ad-hoc-Netzwerke haben den großen Nachteil, dass für sie keine ausgeprägte Sicherheitsarchitektur zur Verfügung steht, um sich gegen unbefugten Zugriff ausreichend schützen zu können. In Infrastrukturnetzwerken werden die erforderlichen

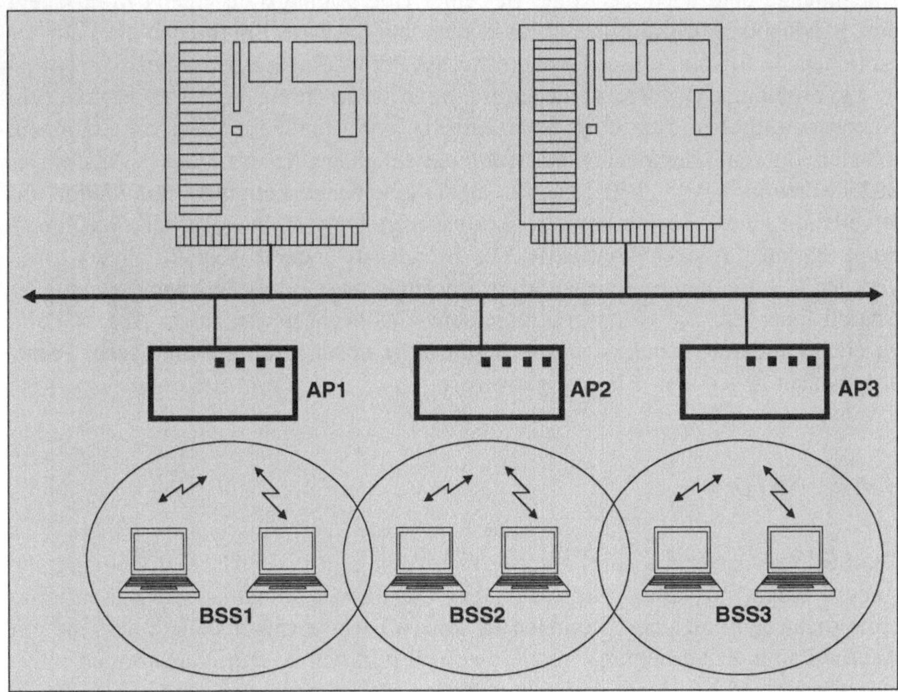

Abb. 3.5 Access Points im Verteilsystem

Schutzmaßnahmen durch die Konfigurationsmöglichkeiten auf dem Niveau von
Access Points wahrgenommen. Sie bestimmen das Kommunikationsverhalten der
Teilnehmer untereinander.

3.4 Access Points

Im folgenden sollen einige Optionen vorgestellt werden, die bei der Konfiguration
von Access Points eine Rolle spielen. Die Ausgangslage ist ein Basic Service Set
mit einer initialen Reichweite von 30 bis 50 m. Letztere lässt sich durch geschickte
Anordnung der Access Points auf bis zu 100 m vergrößern. Zentrum ist immer ein
Access Point mit den ihm zugehörigen Stationen darum herum. Die Stationen kommunizieren nicht direkt miteinander, sondern immer über den Access Point.

3.4.1 Dimensionierung

Ausgehend von dem theoretischen Wert, der eine Bedienung von bis zu 2007 Stationen durch einen Access Point ermöglicht, liegen die tatsächlichen Möglichkeiten in der Praxis weit darunter. Neben anderen Faktoren spielt die zu übertragende
Datenmenge eine wichtige Rolle. Bei einer Übertragungsrate von 11 Mbit/s liegt
eine handhabbare Anzahl von Access Points bei etwa 20. Erhöht sich die Zahl der
Stationen signifikant, müssen weitere Access Points eingesetzt werden.

Ein Problem, das gelöst werden muss, wenn sich mehrere Access Points in einem
Netzwerk aufhalten, besteht in der störungsfreien Datenübertragung von Stationen,
die sich innerhalb der Reichweite von mehr als einem Access Point befinden. Der
802.11 Standard stellt sicher, dass zu einem gegebenen Zeitpunkt eine Station nur
jeweils mit einem Access Point kommunizieren kann. D. h. es ist nur eine Zuordnung Station – Access Point aktiv. Die Broadcasts anderer Access Points werden
von der betreffenden Station ignoriert. Im Zuge einer möglichen Wanderung einer
Station innerhalb des Netzwerks geschieht ein Wechsel von einem Access Point
zu einem anderen, sobald sich die Signalstärke des ursprünglichen Access Points
abschwächt gegenüber dem alternativen.

3.4.2 SSID

Die SSID ist der Name eines Netzwerks im Rahmen von 802.11. Dabei sind alle
Access Points im selben Netzwerk über die identische SSID adressierbar. Das
ermöglicht den einzelnen Stationen in dem WLAN, sicherzustellen, dass sie mit
Access Points in Verbindung treten, die auch wirklich zu dem zugehörigen Infrastrukturnetzwerk gehören. Auf der anderen Seite ergeben sich zusätzliche Steue-
rungsmöglichkeiten. So lassen sich willkürlich in ein und demselben WLAN

verschiedene SSIDs jeweils bestimmten Access Points zuweisen. Auf diese Weise unterteilt man ein WLAN in Untereinheiten. Das kann Sinn machen, wenn z. B. mehrere Usergroups eingerichtet werden sollen. In der Praxis geschieht das durch eine entsprechende Zuordnung von Stationen zu bestimmten Access Points.

Stationen und Access Points finden über die gemeinsame SSID zusammen und etablieren auf diese Weise eine Verbindung untereinander.

Es kann nun die Anforderung bestehen, dass Stationen sich dennoch mit Access Points unterhalten möchten, die unterschiedlichen Netzbereichen zugeordnet sind. Hier besteht die Möglichkeit, einen Joker als Netzwerknamen zu verwenden. Dieser lautet z. B. „Any".

Ein SSID-Name an sich ist nicht in der Lage, die Sicherheit eines Netzwerks zu erhöhen, selbst wenn er sich aus komplizierten Zeichenkombinationen zusammen setz, denn die Access Points senden diese Bezeichnung kontinuierlich nach außen, um ihre Gegenwart anzuzeigen. Bei der Konfiguration von Access Points besteht allerdings die Möglichkeit, den SSID Broadcast zu unterdrücken. Damit kann auch ein Wardriver ein operierendes WLAN nicht mehr ohne weiteres entdecken.

Wird der SSID Boradcast unterdrückt, muss die SSID den entsprechenden Stationen also im Vorhinein bekannt sein. Aber auch diese Variante bedeutet noch keine absolute Sicherheit. Es gibt Sniffer-Tools, die den Datenverkehr abhorchen und analysieren können, um trotzdem an die gewünschten Informationen zu kommen. Deshalb ist Datenverschlüsselung unerläßlich.

3.5 Internetzugang über das WLAN

Die gegenwärtige Entwicklung hat dazu geführt, dass kleinere WLAN-Lösungen mittlerweile auch in Privathaushalten attraktiv sind. Die weite Verbreitung von DSLs war Voraussetzung für die Proliferation der Internetnutzung. Auch hierbei spielt der drahtlose Zugang eine immer wichtigere Rolle. Über ein WLAN lassen sich gleich mehrere Internetverbindungen herstellen (s. Abb. 3.6), wenn beispielsweise ein Access Point oder ein DSL-Modem mit einem Router integriert sind.

3.5.1 Access Point und Router integriert

Die Herausforderung besteht darin, allen Stationen, die zu einer Funkzelle gehören, einen gemeinsamen Internetzugang zu ermöglichen. Das geschieht über ein Wireless Gateway. Der Access Point fungiert als Router bzw. DHCP-Server. Unter Verwendung des Network Address Translation Protocol (NAT) gelingt es, das WLAN mit einer einzigen IP-Adresse zu versehen, die sich dem Internet präsentiert.

Bei Verwendung eines DSL-Anschlusses für den Internetzugang wird zusätzlich das Point to Point Protocol over Ethernet (PPPoE) benötigt. Dann kann ein so ausgerüsteter Access Point direkt mit dem DSL-Modem verbunden werden, um

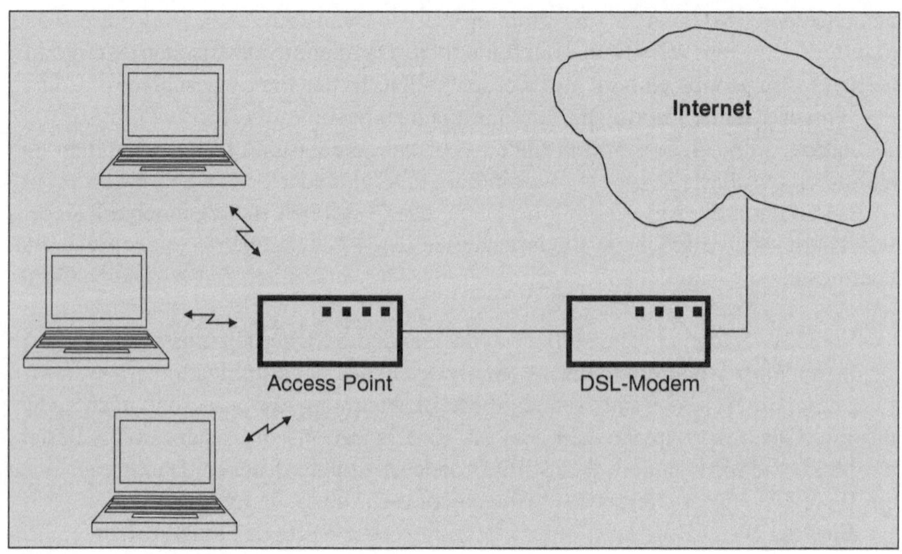

Abb. 3.6 Ein DSL-Anschluss an das Internet für mehrere Geräte

Zugang zum Internet zu gewinnen. Mittlerweile gibt es diese Kombination auch integriert: DSL Modem mit Router/Access Point.

3.5.2 Die IP-Adresse

Im Rahmen der oben erwähnten Konfiguration können nun Informationen von der Funkzelle ins Internet über die zugeteilten IP-Adressen geleitet bzw. abgefragt werden. Die automatische Zuteilung für die Stationen, die zu der Funkzelle gehören, erfolgt über DHCP. Das Mapping der Internet IP-Adresse des Providers auf die einzelnen Stationen geschieht über NAT. Auf diese Weise können mehrere Stationen Internetzugang über eine einzige zugeteilte IP-Adresse erlangen (s. Abb. 3.7).

Das bedeutet andererseits aber auch, dass Stationen des WLANs über das Internet nicht direkt kontaktiert werden können, sodass sie unsichtbar für mögliche Attacken bleiben. Deren individuelle IP-Adressen sind auf diesem Wege nicht zu erkennen. Dieser Schutz ist insbesondere interessant für kleine Netze und für den privaten Bereich.

3.5.3 Unterhaltungsmedien

Zukünftig werden drahtlose Vernetzungen mit Unterhaltungsmedien an Bedeutung gewinnen. Dazu gehören in diesem Zusammenhang z. B. Personalcomputer,

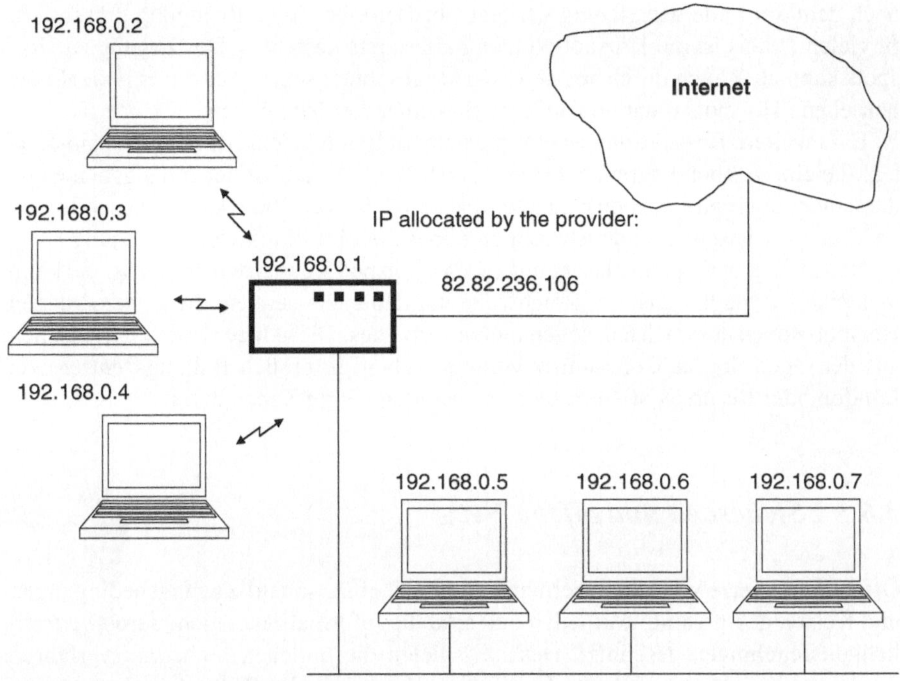

Abb. 3.7 Eine gemeinsamen IP-Adresse für das Internet mit NAT

Audio- und visuelle Medien. Eine Beispielanwendung wäre die Wiedergabe einer DVD über einen Computer an einen Flachbildschirm in einem anderen Raum. Insbesondere bieten sich Angebote aus dem Internet (Radiosender, TV-Stationen) an. Voraussetzung ist das Vorhandensein entsprechender Funkschnittstellen an den zugehörigen Geräten. Mittlerweile gibt es solche Angebote auf dem Markt.

3.6 Hotspots

Hotspots repräsentieren öffentlich nutzbare Funkbereiche, die durch entsprechend ausgestattete Access Points der Allgemeinheit oder bestimmten zugelassenen Gruppen zur Verfügung gestellt werden. Mittlerweile findet man Hotspots an den wichtigsten öffentlichen Einrichtungen: in fahrenden Zügen, Bahnhöfen, Hotels, Flughäfen, auf Messegeländen und in Tagungszentren und natürlich in Internet-Cafés. Ausgerüstet mit einem entsprechenden Endgerät kann ein User nunmehr an jedem wichtigen Ort der Welt seine emails abrufen und beantworten.

Hotspots werden auch deshalb gerne angenommen, weil das Zugangsverfahren so einfach ist. Dabei spielen die operativen Kosten keine wichtige Rolle mehr. Wichtig ist eine einfache GUI, die auch unbedarfte User zu dem gewünschten Kontakt führt. Mit dem Anmelden wird gleichzeitig das Abrechnungsverfahren initialisiert, nach dem am Ende der Sitzung der Hotspot-Betreiber seine Rechnung präsentiert. In vielen Hotels ist die Hotspot-Nutzung allerdings kostenlos. Der Zugang zu Hotspots kann aber auch durch spezielle Codes geschützt sein, sodass z. B. von Hotels betriebene Hotspots nicht von außerhalb genutzt werden können.

Eine weitere Restriktion besteht in einem temporären Zugriff über Prepaid-Karten, die eine zeitlich begrenzte Dauer haben. Nach Ablauf ist der freigegeben Code dann nicht mehr gültig. Eine elegante Lösung ist die Vergabe von Zugangscodes per SMS und die anschließende Abrechnung über die Mobilfunktelefonrechnung.

Natürlich gibt es auch Überlegungen, das Hotspot-Konzept zu erweitern. So kann man sich Überlappungen der Reichweite von Hotspots denken, die sich zu ganzen Hotspot-Zonen auswachsen, sogenannten Hotzones. Diese Idee wird von Menschen aus der Open Source Community vorangetrieben. In großen Ballungszentren wie London oder Berlin existieren solche selbstorganisierte Zonen bereits.

3.6.1 Sicherheit und offene Netze

Öffentliche Netze sind für jedermann frei verfügbar, sobald Zugangsbedingungen und Kosten geklärt sind. Auf jeden Fall sind die Informationen nicht durch Vertraulichkeitsregelungen geschützt. Deshalb spielen die üblichen Sicherheitsverfahren wie Verschlüsselung auch beim Zugriff über Hotspots keine Rolle. Aus Gründen der Einfachheit wird dann in der Regel für die SSID der Jokername „Any" verwendet.

3.7 Netzwechsel

Dynamischer Wechsel von einem Netz in ein anderes wird als Roaming bezeichnet. Jedem, der schon einmal sein Mobiltelefon ins Ausland mitgenommen hat, ist dieser Vorgang bekannt. Der Übergang sollte unbemerkt geschehen, allerdings können dadurch eventuelle höhere Kosten entstehen.

Diese Möglichkeiten gibt es auch bei Infrastrukturnetzwerken. Roaming findet dann statt, wenn ein User mit seinem Endgerät die Empfangsbereiche von Access Points wechselt. Auch hierbei sollte der Nutzer den Übergang nicht bemerken, und Datenverluste sollten nicht vorkommen.

Dadurch, dass Access Points kontinuierlich ihre Beacon Frames aussenden, um auf ihre Existenz aufmerksam zu machen, wird auch das Roamiung erst ermöglicht. Andererseits hören die einzelnen Stationen in einem WLAN ihre Umgebung ständig nach verfügbaren Übertragungskanälen ab – außer sie sind auf eine ganz bestimmte SSID konfiguriert. Die Auswahl, an welchem Access Points eine Station sich andockt, wird über die Signalstärke getroffen. Beim Bewegen im Netz beispielsweise eines Laptops wird die Access Point Verbindung dann gewechselt, wenn die ursprüngliche Verbindung schwächer wird gegenüber einer neuen möglichen

Verbindung mit einem anderen Access Point. Das geschieht unbemerkt vom User. Die Datenübertragung wird ebenfalls nicht gestört.

Das oben gesagte ist also Voraussetzung für den Betrieb flächendeckender Netze z. B. in Kongresszentren oder auf Messegeländen, aber auch in weit verzweigten Unternehmen. Beim Wechsel des Standorts bleibt man trotzdem im Netz. In der Praxis bedeutet das aber auch, dass entsprechend 802.11 auf der physikalischen Ebene mit getrennten Kanälen gearbeitet werden muss. Gelegentliche Probleme lassen sich dabei nicht immer ausschließen.

Die Anzahl nutzbarer Kanäle ist natürlich nicht unbegrenzt. Um Störungen auszuschließen, wenn Kanäle wieder verwendet werden sollen, sobald Funkzellen ausreichend weit voneinander entfernt sind, wird das SDMA-Verfahren (Spatial Division Multiple Access) eingesetzt.

Wie oben bereits angedeutet, spielt zukünftig das Roaming auch im Hotspot-Konzept eine wachsende Rolle. Für eine Hotzone meldet man sich nur einmal an und wandert dann beliebig von einem Hotspot zum nächsten – bis man endgültig aus allen Zonen heraus ist.

Damit diese Vision sich auch tatsächlich realisieren lässt, ist eine Vereinheitlichung der Zugangsverfahren erforderlich, was heute noch nicht allgemein gegeben ist. Es gibt allerdings bereits Tools, die eine Vereinfachung des Suchens und der Verbindungsverwaltung von Hotspots ermöglichen, beispielsweise WPS (Wireless Provisioning Service) von Windows. Das integrierte Abrechnungssystem erfordert allerdings eine Authentifizierung über einen RADIUS-Server.

Kapitel 4
WLAN Geräte

4.1 Übersicht

Grundsätzlich wird bei den Komponenten eines WLANs unterschieden zwischen denjenigen, die Client-seitig notwendig sind (Adapter), und denen, die für den Aufbau des eigentlichen Netzes relevant sind (Access Points, Router). Die Adapter klassifizieren sich entsprechend der verwendeten Clients:

- Laptop
- Stationärer PC.

Innerhalb dieser Kategorien differenzieren sich diese dann wiederum nach den Schnittstellen, die bedient werden sollen.

Bzgl. des Access Points gibt es neben der singulären Lösung eines einfachen Access Points die Routerlösung, bei der mehr als eine einzige Netzwerkschnittstelle zum Einsatz kommt.

Bei der Beschaffung der WLAN-Komponenten sind eine Reihe von Kriterien zu beachten, die Sicherheits- und Performancerelevanz haben:

- Anzahl einstellbarer Kanäle
- Einstellbarkeit der SSID, sowie Deaktivierungsmöglichkeit des Broadcasts
- Angebotene Verschlüsselungsverfahren
- Unterstützung des Standards IEEE 802.1x
- Möglichkeiten der Adressfilterung
- Möglichkeit der Nutzung einer Access-Control-List (ACL)
- Kompatibilität der Authentisierungsmethode zwischen Access Points und Clients
- Weitere Mechanismen der Zugriffssteuerung.

W. W. Osterhage, *sicher & mobil,*
DOI 10.1007/978-3-642-03083-3_4, © Springer-Verlag Berlin Heidelberg 2010

4.2 Adapter

4.2.1 Adapter für mobile Endgeräte

Betrachtet werden an dieser Stelle nur Laptops/Notebooks. Im günstigsten Falle ist das Gerät bereits mit einem WLAN-Adapter ausgestattet, sodass keine Erweiterungen notwendig sind. Ansonsten gibt es folgende Typen:

- WLAN-USB-Adapter
- WLAN-Cardbus-Adapter

4.2.1.1 WLAN-USB-Adapter

Tatsächlich benötigt man für diesen Adapter noch ein Stück Kabel. Das kleine, handliche Gerät wird mittels einer USB-Steckverbindung mit dem Laptop verbunden. Bei der Auswahl der Geschwindigkeit des Adapters sind die Durchsatzgrenzen der USB-Schnittstelle zu berücksichtigen.

4.2.1.2 WLAN-Cardbus-Adapter

Diese Variante bietet sich für höhere Verarbeitungsgeschwindigkeiten an (s. Abb. 4.1). Die etwa 5×12 cm große, flache Karte wird in den am Laptop vorgesehen Slot eingeschoben. Sichtbar bleiben nur die letzten 2 cm, die mit Blinkanzeigen ausgestattet sind. Der Einschub sollte erst nach dem kompletten Boot des Rechners erfolgen.

Abb. 4.1 Wireless Notebook
Adapter der Fa. LINKSYS

4.2.2 Adapter für PCs

Die Adapter für stationäre Endgeräte (PC, Desktop), sogenannte PCI-Adapter, müssen in das Gerät fest installiert werden (s. Abb. 4.2). Voraussetzungen sind:

- Ein freier Steckplatz
- CD-ROM-Laufwerk
- 500 MHz-Prozessor
- 128 MB RAM
- Windows 98 aufwärts oder XP.

Abb. 4.2 Wireless PCI_
Adapter der Fa. Linksys

4.3   Access Points

4.3.1   WLAN-Access-Point

Ein solches Gerät erfüllt alle Anforderungen, um ein einfaches WLAN mit den entsprechend aufbereiteten Clients aufzubauen. Darüber hinaus liefert es keine weitere
Funktionalität, wie z. B. die Ermöglichung eines Internetzugangs.

4.3.2   WLAN-Router

Analog zum klassischen Router ermöglicht ein WLAN-Router die Steuerung von
mehreren eingehenden und ausgehenden Signalen über parallele Kanäle. So können
z. B. Internet- und WLAN-Schnittstellen gleichzeitig bedient werden, evtl. noch
eine Telefonanlage, ein FAX oder auch ein Drucker, ein klassisches LAN und eben
ein PC oder Laptop als Client. Der Router ist mit einer Antenne ausgestattet, die
sich auch manuell ausrichten lässt (s. Abb. 4.3).

Abb. 4.3 Wireless Router
der Fa. LINKSYS

Kapitel 5
WLAN einrichten und konfigurieren

Vor der Einrichtung eines WLANs ist eine Reihe von planerischen Kriterien zu berücksichtigen:

- Entscheidung über das Authentisierungsverfahren
- Abschirmung gegen Einrichtungen, die elektromagnetische Wellen aussenden
- Installationslayout zur Vermeidung von Funklöchern
- Vermeidung von Kanalüberlappungen mehrerer Teilnehmer.

Beim Einrichten eines WLANs oder seiner Komponenten sind drei Phasen zu unterscheiden:

- Treiber
- Hardware
- Konfiguration.

Darüber hinaus wird differenziert, ob es sich lediglich um einen Adapter oder um ein komplettes Infrastrukturnetzwerk handelt. Innerhalb eines Netzwerkes müssen Router und Clients eingerichtet werden. In allen Fällen liegen in der Regel den Produkten ausführliche Beschreibungen zur Installation bei, sowie eine Installations-CD, die den Benutzer durch seine Optionen führt. Wie eine solche Benutzerführung im Einzelnen aussieht, soll hier nicht nachvollzogen werden.

5.1 Treiber

Für alle Adapter ist die Installation von Treibern notwendig, die auf einer entsprechenden CD mitgeliefert werden. Nach Einlegen der CD erfolgt die übliche grafische Benutzerführung einer Installations-CD. Diese wie auch alle anderen Installationen sollten unter der Administrator-Kennung erfolgen. Auf diese Weise wird der Treiber unter einem Pfad, den der Administrator festlegen kann, sicher abgespeichert (einzige inhaltliche Entscheidung bei der Installation). Nach Beendigung der Installationsführung wird der Computer neu gestartet.

W. W. Osterhage, *sicher & mobil,*
DOI 10.1007/978-3-642-03083-3_5, © Springer-Verlag Berlin Heidelberg 2010

5.2   Hardware und Konfiguration

Im Folgenden sind die wichtigsten Gesichtspunkte bei der Einrichtung und Konfiguration der diversen Hardware-Komponenten aufgeführt:

5.2.1   WLAN-USB-Adapter

Einlegen der Setup-CD-ROM und Start. USB-Stecker des Adapters an einen verfügbaren USB-Port anschließen. Danach fragt die Benutzerführung nach dem „Available Wireless Network" anhand eines Auswahl-Menus mit den zugehörigen SSIDs. Der User wählt daraus dasjenige Netzwerk aus, in dem er arbeiten möchte und stellt über „connect" die Verbindung her. Sollte das beabsichtigte Netzwerk nicht aufgelistet sein, kann die Liste ergänzt werden.

Sollte das Netzwerk durch WEP abgesichert sein, wird nach dem WEP-Key gefragt, der dem Netzwerk entspricht. Erst danach kann die Verbindung zum Netz hergestellt werden. Bei Absicherung des Netzes durch WPA ist die Eingabe einer eigenen Passphrase für das Netz erforderlich.

5.2.2   WLAN-Cardbus-Adapter

Einlegen der Setup-CD-ROM und Start. Adapter in den Cardbus-Slot einschieben und Installation beginnen. Dann läuft der Kopiervorgang. Danach fragt die Benutzerführung nach dem „Available Wireless Network" anhand eines Auswahl-Menus mit den zugehörigen SSIDs. Der User wählt daraus dasjenige Netzwerk aus, in dem er arbeiten möchte und stellt über „connect" die Verbindung her. Sollte das beabsichtigte Netzwerk nicht aufgelistet sein, kann die Liste ergänzt werden.

Sollte das Netzwerk durch WEP abgesichert sein, wird nach dem WEP-Key gefragt, der dem Netzwerk entspricht. Erst danach kann die Verbindung zum Netz hergestellt werden. Bei Absicherung des Netzes durch WPA ist die Eingabe einer eigenen Passphrase für das Netz erforderlich.

5.2.3   PCI-Adapter

Einlegen der Setup-CD-ROM und Start. Nach positiver Bestätigung und nächstem Schritt fährt der PC herunter. Jetzt beginnt der manuelle Einbau des Adapters.

Dazu muss das PC-Gehäuse geöffnet und ein freier Steckplatz auf der Systemplatine gefunden werden. Der Adapter wird auf den PCI-Steckplatz gesteckt und die Lasche mit einer Schraube am PC-Rahmen befestigt. Danach wird das Gehäuse wieder geschlossen und die externe Antenne am Adapter befestigt. Jetzt kann der Rechner wieder gestartet werden.

Danach fragt die Benutzerführung nach dem „Available Wireless Network" anhand eines Auswahl-Menus mit den zugehörigen SSIDs. Der User wählt daraus dasjenige Netzwerk aus, in dem er arbeiten möchte und stellt über „connect" die Verbindung her. Sollte das beabsichtigte Netzwerk nicht aufgelistet sein, kann die Liste ergänzt werden.

Sollte das Netzwerk durch WEP abgesichert sein, wird nach dem WEP-Key gefragt, der dem Netzwerk entspricht. Erst danach kann die Verbindung zum Netz hergestellt werden. Bei Absicherung des Netzes durch WPA ist die Eingabe einer eigenen Passphrase für das Netz erforderlich.

5.2.4 Access Point

Zuallererst sind die Standardeinstellungen des Herstellers durch die eigenen Sicherheitseinstellungen zu ersetzen, um einen unautorisierten Zugriff zu vermeiden.

Der Anschluss eines Access Points erfolgt entweder direkt an einen PC mit Hilfe eines Cross-Over-Kabels oder aber über einen Switch oder Hub im drahtgebundenen Netz. Access Point einschalten und Installations-CD starten. Der Setup-Assistent durchsucht dann das Netz nach dem Access Point. Je nach Hersteller besteht nun die Möglichkeit, eine neue SSID zu vergeben oder es erfolgt die automatische Zuweisung einer IP-Adresse.

5.2.5 Router

Voraussetzung: Modem oder DSL-Anschluss mit entsprechendem Telefonanschluss.

Vorbereitende Schritte:

- Stromversorgung anschließen
- Verbindung des Routers über eine der fünf Ausgangsbuchsen via Patchkabel mit dem Computer herstellen
- Verbindung des WLAN-Anschlusses am Router mit dem Modem herstellen.

Hier zunächst der standardmäßige Einstieg unter dem WINDOWS © -Betriebssystem:

Aufruf der „Systemsteuerung" am Start-Menu des Computers, Auswahl „Netzwerkverbindungen", dann „LAN-Verbindung". Im Folgemenu „Internetprotokoll (TCP/IP)" sweren und Eigenschaften wählen. Es kann nun eine IP-Adresse automatisch bezogen oder nach eigener Wahl eingegeben werden.

Spätestens jetzt – bei manchen Anbietern schon gleich zu Beginn – wird die Benutzerführung über den Internetbrowser im System des Herstellers weitergeführt.

In der Regel muss dazu die mitgelieferte IP-Adresse eingegeben werden. Folgende Parameter werden dann zur Auswahl gestellt:

- Router-Password
- Internet Connection Type (DHCP, Static IP, PPPoE)
- Netzwerkmodus
- SSID Name
- Funkkanal
- WEP oder WPA Sicherheiten.

5.3   Checkliste WLAN

In der folgenden Tab. 5.1 werden alle sicherheitsrelevanten Aspekte beim Einrichten und dem Betrieb eines WLANs aufgeführt:

Tab. 5.1 Checkliste WLAN-Sicherheit

Möchten Sie ein WLAN einrichten und betreiben?	Bei der Einrichtung und dem Betrieb eines drahtlosen Netzes sind gegenüber einem drahtgebundenen Netz zusätzliche Sicherheitsanforderungen zu beachten
Planen Sie ein WLAN in einem größeren Unternehmen?	WLAN in einer größeren Organisation sollte eingebunden sein in die gesamte IT-Strategie inklusive der IT-Sicherheitsstrategie
Möchten Sie ein kleines oder privates Netz einrichten?	Die technischen Anforderungen sind grundsätzlich die gleichen wie in Unternehmen, wenngleich die formalen Aspekte des IT-Sicherheitsmanagements weitgehend entfallen
Existiert ein IT-Sicherheitsmanagement in Ihrem Unternehmen?	Das IT-Sicherheitsmanagement befasst sich mit allen Sicherheitsaspekten beim Aufbau und dem Betrieb von IT-Installationen
Sind die Belange Ihres IT-Sicherheitsmanagements dokumentiert?	Voraussetzung für ein wirkungsvolles IT-Sicherheitsmanagement ist eine entsprechende Dokumentation
Werden im Zuge Ihres Sicherheitsmanagements die gängigen IT-Normen berücksichtigt?	Beim WLAN sind insbesondere die Empfehlungen des BSI sowie die Norm ISO 17799 zu berücksichtigen
Sind Ihre IT-Sicherheitskriterien dokumentiert?	Sicherheit wird nach Kriterien wie Vertraulichkeit, Verfügbarkeit, Integrität u. a. spezifiziert
Erfolgt nach IT-Sicherheitsschulungen eine unterschriebene Erklärung der Beteiligten?	Die Teilnahme an einer Sicherheitsschulung sollte im Interesse aller Beteiligten dokumentiert werden *Unterschriften haben neben ihrer rechtlichen auch eine höhere organisatorische Verbindlichkeit*
Wird die Einhaltung der Sicherheitsvorschriften regelmäßig kontrolliert?	Zur Kontrolle der Einhaltung der Sicherheitsrichtlinien sollte ein Maßnahmenplan erstellt werden

Tab. 5.1 (Fortsetzung)

Ist die WLAN-Nutzung als Teil des IT-Sicherheitsmanagement dokumentiert?	Ein WLAN kann ein erhebliches Sicherheitsrisiko beinhalten und muss deshalb integraler Bestandteil der gesamten IT-Strategie sein
Ist die WLAN-Nutzung in Ihrem Unternehmen geregelt gegenüber Wildwuchs?	Häufig gehen WLAN-Initiativen von fortgeschrittenen Usern aus, die in ein Gesamtkonzept einzubinden sind *Nicht-autorisierte Nutzung hausinterne Netze über WLAN-Anschlüsse bietet ein unkontrolliertes Einfallstor für externe Angriffe*
Ist festgelegt, welche Informationen über WLAN weitergegeben werden dürfen?	Je nach Geheimhaltungsstufe unterliegen bestimmte Unternehmensdaten unterschiedlichen Sicherheitsklassen *Die Weitergabe von sensiblen Daten über WLAN sollte nur verschlüsselt erfolgen*
Gibt es eine WLAN-Benutzerrichtlinie?	Die WLAN-Benutzerrichtlinie ist Teil der IT-Sicherheitsdokumentation *Fehlende Richtlinien zur WLAN-Nutzung führen zu unkontrollierbarem Wildwuchs in einer Organisation*
Sind die Rahmenbedingungen bekannt, unter denen Anmeldungen an externen und internen WLANs erfolgen dürfen?	Zu den Rahmenbedingungen gehören Schulung, Verpflichtung auf unternehmensinterne Sicherheitsstandards, Nutzung von Hotspots u. a. *Ungeregelte WLAN-Zugänge unterlaufen die Einhaltung organisationsinterner Sicherheitsstandards*
Gibt es WLAN-Richtlinien für System-Administratoren?	Diese Richtlinien legen insbesondere die Vorgaben für Konfiguration und Betrieb von WLAN-Komponenten fest
Sind Unterlagen für WLAN-Schulungen vorhanden?	Die Schulungsunterlagen sollten neben den technischen Aspekten insbesondere die Sicherheitsanforderungen enthalten
Werden Administratoren und Benutzer bezüglich der WLAN-Sicherheit geschult?	Wegen des erhöhten Sicherheitsrisikos bei der WLAN-Nutzung ist eine detaillierte Kenntnis der wesentlichen Schwachpunkte von elementarer Bedeutung
Sind WLAN-Komponenten Teil des Datensicherungskonzeptes?	Das Datensicherungskonzept ist Teil der gesamten dokumentierten IT-Sicherheitsstrategie sowie des Betriebshandbuchs *WLAN-Komponenten sollten eine gesonderte Berücksichtigung bei der Datensicherungsstrategie erfahren*
Werden die Daten auf WLAN-Komponenten bei der allgemeinen Datensicherung mitberücksichtigt?	Auf WLAN-Komponenten finden sich neben den reinen betriebswirtschaftlichen Daten auch alle für den Betrieb notwendigen Konfigurationsdaten
Wird die WLAN-Sicherheitsrichtlinie regelmäßig revidiert?	Die regelmäßige Revision von IT-Sicherheitsrichtlinien, insbesondere solche für WLANs, ist Teil des organisationsinternen Sicherheitsprozesses *Der Stand der Technik bzgl. Standards und Komponenten für WLANs ändert sich sehr schnell, sodass eine Richtlinie ständig a jour gehalten werden muss*

Tab. 5.1 (Fortsetzung)

Wurde ein Notfallplan für Sicher-heitsvorfälle entwickelt?	Sicherheitsvorfälle betreffen Angriffe ins WLAN oder ins LAN über das WLAN mit dem Ziel, Daten auszuspionieren, zu deponieren, zu verfälschen oder zu löschen, sowie Diebstahl von WLAN-Konponenten *Je nach Art des Sicherheitsvorfalls sollte ein Standardprozess als spezifische Reaktion auf diesen angestoßen werden*
Sind Notfallplan und Fehler-behandlung Teile der WLAN-Schulungen?	Unterschiedliche Sicherheitsvorfälle bedürfen angepasster Reaktionen, die möglichst als Prozess dokumentiert werden sollten: technische Sofortmaßnahmen, Dokumentation, Meldewege, strategische Gegensteuerung etc.
Hat Ihr Unternehmen ein eigenständiges Konfigurationsmanagement?	Nur das Konfigurationsmanagement für WLANs sollte die Komponenten nach den im Unternehmen vorgegebenen Standards einrichten dürfen unter Beachtung der Sicherheitsrichtlinien
Sind die einzusetzenden WLAN-Standards festgelegt?	Auf dem Markt werden unterschiedliche Standards angeboten: IEEE 802.11, 11b, 11g für das 2,4 GHz-Band; 11a, 11h für das 5 GHz Band. Im Unternehmen sollte ein einheitlicher Standard verwendet werden
Haben Sie eine Standardkonfiguration entwickelt?	Zur effizienten Betreuung der WLAN-Komponenten sollten Standardkonfigurationen gemäß der Sicherheitsrichtlinie entwickelt werden
Erfolgt die Konfiguration über den drahtlosen Weg?	WLAN-Komponenten können sowohl drahtgebunden als auch drahtlos konfiguriert werden *Die Konfiguration sollte möglichst nicht drahtlos erfolgen, um ein Ausspähen von Passphrasen und Schlüsseln zu verhindern; auf jeden Fall sollte die Konfigurationsverbindung verschlüsselt sein*
Wird das Standardpasswort des Herstellers bei Routern routinemäßig und unmittelbar gewechselt?	Router sind in der Regel mit einem vom Hersteller vergebenen Passwort versehen *Mitgelieferte Standardpasswörter lassen sich problemlos über das Internet ermitteln und sollten daher als erste Konfigurationsmaßnahme gewechselt werden*
Verwenden Sie eine individuelle SSID?	SSIDs sollten sofort von der Standardeinstellung des Lieferanten gewechselt werden
Erlaubt der SSID-Name Rück-schlüsse über den Verwender?	Sprechende Namen ermöglichen Hinweise auf den Nutzungsbereich und damit auf das Datenmaterial *Der SSID-Name darf keine Rückschlüsse auf seine Verwendung enthalten, damit kein zusätzlicher Anreiz zum Ausspähen gegeben wird*
Unterdrücken Sie die Ausstrahlung der SSID?	Die Ausstrahlung der SSID teilt der Umgebung mit, dass ein WLAN in Betrieb ist *Wardriving nennt man das Ausspähen aktiver WLANs mit dem Vorsatz, dort einzudringen. Das wird durch den SSID Broadcast erleichtert*

Tab. 5.1 (Fortsetzung)

Wird Ihre Funkstrecke verschlüsselt?	Die Verschlüsselung der Funkstrecke gehört zu den grundlegenden Maßnahmen der Absicherung gegen Angriffe von außen *Authentisierungsdaten und vertrauliche Informationen sollten grundsätzlich nur verschlüsselt übertragen werden*
Wird die Funkschnittstelle regelmäßig mit Analysewerkzeugen überwacht?	Analysewerkzeuge ermöglichen die Entdeckung von erfolgten oder versuchten nicht autorisierten Zugriffen auf das WLAN
Ist der Zugang zu Netzwerken generell geregelt?	Zugänge zu WLANs und angebundenen LANs sollten über revisionssichere Prozesse geregelt sein *Ungeregelte Zugänge und Kopplungen entziehen sich den organisatorischen Maßnahmen des IT-Sicherheitsmanagements*
Beschränken Sie Ihre Sendeleistung auf das Notwendigste?	Einerseits ist eine gewisse Sendeleistung zum Betrieb erforderlich, andererseits kann dadurch auch ein Sicherheitsrisiko entstehen *Die Beschränkung der Sendeleistung verhindert ein großflächiges Ausstrahlen und damit Erkennen über die Grenzen des Unternehmens hinaus, dass ein WLAN betrieben wird*
Nutzen Sie die Access Control List (ACL) beim Einsatz von RADIUS-Servern?	Die Nutzung des Standards IEEE 802.1x ermöglicht eine zusätzliche Authentifizierung von Nutzern über eine Access Control List (ACL); die Authentifizierung wird über einen zentral steuernden RADIUS-Server geroutet
Ist festgelegt, an welchen Lokalitäten WLAN-Komponenten eingesetzt werden dürfen?	Die geografische Platzierung der WLAN-Komponenten entscheidet über Ausstrahlung nach außen und die Verhinderung möglicher Funklöcher *WLAN-Komponenten können durch andere technische Geräte, die Funkwellen ausstrahlen, gestört werden, sodass sie nicht in deren Nähe betrieben werden sollten*
Wird der Ad-hoc-Modus immer abgeschaltet?	Der Ad-hoc-Modus ermöglicht den Aufbau eines spontanen WLANs durch Client-zu-Client-Kommunikation *Bei eingeschaltetem Ad-hoc-Modus können nichtautorisierte Clients direkt auf das WLAN zugreifen*
Wird, falls vorhanden, der Dynamic Host Configuration Protocol (DHCP)-Server abgeschaltet?	DHCP-Server vergeben automatisch IP-Adressen für das gesamte Netzwerk *DHCP-Server können Einfallstore für Angriffe sein, da sie im ungünstigen Falle einem Eindringling eine gültige IP-Adresse zuweisen*
Werden die benutzen Frequenzkanäle überlappungsfrei ausgewählt?	Zu eng beieinanderliegende Frequenzkanäle können zu Interferenzen führen *Interferenzen lassen sich vermeiden, wenn jeweils nur die Kanäle benutzt werden, die weit genug voneinander entfernt liegen, also eine möglichst große Kanaltrennung aufweisen*

Tab. 5.1 (Fortsetzung)

Wird Ihr Netz auf Funklöcher überprüft?	Funklöcher können entstehen durch Störungen von anderen elektromagnetischen Wellen, eine unzureichende geografische Anordnung, unvorteilhaft ausgerichtete Antennen, nicht ausreichende Sendeleistung *Analysewerkzeuge ermöglichen die Entdeckung von Funklöchern, die ansonsten den Benutzern als Störungen auffallen würden*
Werden WLAN-Geräte bei längeren Nutzungspausen abgeschaltet?	Um unnötigen Broadcast zu vermeiden, sollten nicht genutzte WLAN-Komponenten ausgeschaltet werden *Der Broadcast gibt externen Ausspähern und Wardrivern den Hinweis auf den Betrieb eines WLANs*
Nutzen Sie die WEP-Verschlüsselungsmöglichkeit?	Die WEP-Verschlüsselungsmethode ist ein symmetrisches Verfahren, bei dem Access Points und Clients einen gemeinsamen Schlüssel verwenden *Die WEP-Verschlüsselungsmethode gilt allgemein als unsicher, ist aber dennoch einem völlig unverschlüsselten Zustand vorzuziehen*
Verwenden Sie die WPA-Verschlüsselungsmöglichkeit?	Die Möglichkeiten im WPA-Verfahren haben Eingang in IEEE 802.11n gefunden und sind heute Stand der Technik. Wenn im Einsatz, sollten sie für alle Netzkomponenten möglich sein *Für größere Netze sollte zusätzlich ein RADIUS-Server mit einer Access-Control-List-Verwaltung eingesetzt werden*
Wird bei Ihnen nach dem IEEE 802.1x Standard verfahren?	Der IEEE 802.1x ist ein Rahmenstandard, der Verschlüsselungsverfahren festlegt. Die Umsetzung erfordert einen RADIUS-Server
Legen Sie besondere Aufmerksamkeit auf die Verhinderung schwacher Passphrasen?	Die Sicherheit von Passphrasen hängt von ihrer Länge und Zeichenkombination ab *Schwache Passphrasen sind kurze Wörter, die lediglich aus Buchstaben bestehen und möglicherweise in Wörterbüchern zu finden sind*
Verwenden Sie Authentisierungsverfahren auf Gegenseitigkeit?	Bei diesen Verfahren tauschen Clients und Server Informationen aus, um sich gegenseitig zu authentifizieren (IEEE 802.1x)
Nutzen Sie das Pre-Shared Key-Verfahren?	Im PSK-Verfahren wird bei jedem Nutzerzyklus ein neuer Schlüssel zwischen Client und Access Point ermittelt
Nutzen Sie das WEP-Verfahren in Bereichen mit vertraulichen Informationen?	Die WEP-Verschlüsselungsmethode ist ein symmetrisches Verfahren, bei dem Access Points und Clients einen gemeinsamen Schlüssel verwenden *Die WEP-Verschlüsselungsmethode gilt allgemein als unsicher und ist deshalb nicht für vertrauliche Informationen geeignet*
Ist bei Ihnen WPA2 im Einsatz?	WPA2 bezeichnet den Standard IEEE 802.11i, bei dem als Weiterentwicklung von WPA der Advanced Encryption Standard (AES) zum Einsatz kommt
Werden die Verschlüsselungsmöglichkeiten bei der Beschaffung neuer Komponenten geprüft?	Bei der Auswahl sollte darauf geachtet werden, dass die Komponenten dem Höchststandard des Netzes entsprechen

Tab. 5.1 (Fortsetzung)

Werden kryptografische Schlüssel regelmäßig gewechselt?	Um systematisches Ausspähen zu verhindern, sollten die Schlüssel regelmäßig gewechselt werden *Für den Schlüsselwechsel sollte ein zeitlicher Plan vorliegen. Der Wechsel sollte im Monatsrhythmus, allerhöchstens im Vierteljahresrhythmus erfolgen*
Hat Ihr Unternehmen ein eigenständiges Datenschutzmanagement?	Das Datenschutzmanagement kümmert sich um die Integrität, Vertraulichkeit, Verfügbarkeit und Zugriffssicherheit aller Datenbestände im Unternehmen
Werden vertrauliche Daten auf mobilen Geräten verschlüsselt?	Durch den Einsatz transportabler Endgeräte wird häufig auch eine gewisse dezentrale Datenhaltung erforderlich *Mobile Geräte unterliegen einem höheren Diebstahls- und Verlustrisiko. Sollten Sie vertrauliche Daten lokal speichern, ist deren Verschlüsselung zu empfehlen*
Ist festgelegt, mit welchen internen und externen Netzen Kopplungen erfolgen dürfen?	WLANs bieten unter Umständen ein Einfallstor zu angeschlossenen drahtgebundenen Netzen
Wird das WLAN an ein LAN gekoppelt?	In einem Verbund WLAN-LAN ist das WLAN das schwächste Glied gegenüber externen Angriffen
Verwenden Sie Sicherheitsgateways bei Zugriffen aus dem WLAN auf Ihr LAN?	Generell entspricht das Sicherheitsniveau der Funkstrecke und ihrer Komponenten meistens nicht demjenigen eines LANs *Der hohe Schutzbedarf für den Übergang vom WLAN auf das LAN ist über ein Sicherheitsgateway zu realisieren*
Besteht die Möglichkeit der Sperrung der WLAN-Kommunikation aus dem LAN heraus?	Am Übergabepunkt muss die völlige Sperrung der Kommunikation WLAN-LAN möglich sein
Betreiben Sie Access Points als Hotspots?	Hotspots ermöglichen einen drahtlosen und einfachen Zugang zum Internet *Beim Betrieb von Access Points als Hotspots sind zusätzliche Sicherheitsmaßnahmen erforderlich, besonders im Zusammenhang mit dem gleichzeitigen Betrieb eines LANs*
Sind Hotspots mit einem LAN verbunden?	Durch eine WLAN-zu-LAN-Kopplung besteht die Möglichkeit, über einen Hotspot auch Zugang zum LAN zu gewinnen *Hotspots sollten nur über ein Sicherheitsgateway mit einem LAN verbunden werden*
Ist Inter-Client-Kommunikation erlaubt?	Inter-Client-Kommunikation ermöglicht den Aufbau eines Ad-hoc-Netzwerks ohne integrierte Kontrollgeräte wie Access Points oder Router *Inter-Client-Kommunikation sollte generell nicht ermöglicht werden*
Gibt es eine Schutzstrategie gegen Viren, Würmer, Trojaner etc.?	Die meisten Organisationen setzen spezielle Software zum Scannen eingehender Daten auf Verseuchung ein *Die Schutzstrategie gegen Verseuchung sollte den gleichen Standard wie für drahtgebundene Netze besitzen*

Tab. 5.1 (Fortsetzung)

Sind Ihre Installationen durch Firewalls geschützt?	Eine Firewall kontrolliert den Datenverkehr zwischen Netzwerksegmenten und der Außenwelt auf unterschiedlichen Kommunikationsebenen *Beim Internetbetrieb sind Firewalls unabdingbarer Bestandteil der Sicherheitsstrategie*
Werden Maßnahmen ergriffen, das Netz gegen technische Störungen abzusichern?	Technische Störungen können von anderen Geräten kommen, die ebenfalls Funksignale aussenden: z. B. Mikrowellenherde, Überwachungseinrichtungen etc.
Haben Sie ein WLAN-Management-System im Einsatz?	Ein WLAN-Management-System dient der Dokumentation der Konfiguration, der Auswertung des Netzbetriebes und der Behandlung von Störfällen
Dokumentieren Sie die Ergebnisse Ihrer Sicherheitsüberprüfungen?	Ein geeignetes Dokumentationstool ist ein WLAN-Management-System
Analysieren Sie sicherheitsrelevante Ereignisse?	Die Ergebnisse der Analyse sollten in einem WLAN-Management-System dokumentiert werden
Gibt es regelmäßige Audits?	Audits beziehen sich auf Konfigurationseinstellungen, Zugriffsrechte, Passwortzyklus, Einhaltung der Sicherheitsrichtlinie *Audits sind notwendig wegen sich ändernder Technologien und wegen Personalwechsels*
Setzen Sie WLAN-Analysetools ein?	WLAN-Analysetools überprüfen die Einrichtungen auf den Betrieb unautorisierter WLANs, finden Funklöcher und bewerten die Signalqualität
Verwenden Sie Penetrationstests?	Penetrationstests simulieren den Versuch von unautorisierten Netzzugriffen und geben so ein Maß für die Zugriffssicherheit
Gibt es regelmäßige Überprüfungen von Koppelpunkten und Authentisierungsservern?	Die Überprüfung der Funktionstüchtigkeit dieser Komponenten ist Teil des regelmäßigen Systemaudits *Koppelpunkte und Authentisierungsserver sind kritische Komponenten gegenüber Netzangriffen*
Werden Ihre Clients regelmäßig überprüft hinsichtlich ihrer Konfiguration und Aktualität?	Insbesondere bei Erhöhung des Sicherheitsstandards muss sichergestellt sein, dass alle Clients auch diesen Standard erfüllen
Überprüfen Sie den Einsatz nicht-genehmigter Komponenten?	Die Überprüfung auf nicht-genehmigte Komponenten ist Teil des generellen Sicherheitsaudits *Neben des Einsatzes eines WLAN-Analysetools sollte auch eine regelmäßige physische Überprüfung der Geräte erfolgen*
Werden Maßnahmen ergriffen, das Netz gegen technische Störungen abzusichern?	Technische Störungen lassen sich vermeiden durch eine sorgfältige Auswahl der Aufstellungsorte oder durch das Abschalten oder Versetzen störender Quellen
Dokumentieren Sie Störungen und Auffälligkeiten?	Alle Störungen und Sicherheitsvorfälle sollten im WLAN-Management-System dokumentiert werden *Die Analyse von Störmeldungen erlaubt die Erkenntnis von Angriffsmustern oder systematischen Sicherheitslücken*

Tab. 5.1 (Fortsetzung)

Ist vom WLAN ein Internetzugang möglich?	Ein ungeschützter Internet-Zugang ist ein beliebtes Angriffsziel auf WLANs *Der Internetzugang muss durch ein Gateway abgesichert werden*
Ist die Nutzung von Hotspots geregelt?	Die Versorgung von Endgeräten mit WLAN-Adaptern ermöglicht auch den Zugang zu externen frei verfügbaren Hotspots *Soll die Nutzung von Hotspots unterbunden werden, sind dazu auch die nötigen technischen Voraussetzungen zu schaffen*
Ist die Nutzung externer WLANs restriktiv geregelt?	Auswahl und Zulassung zu externen WLANs sollten in der Sicherheitsrichtlinie dokumentiert sein *Die Zugangsregelungen sollten einvernehmlich mit den Betreibern dieser Netze festgelegt werden*
Werden geeignete Verschlüsselungsverfahren bei der Datenübertragung zwischen Hotspots und Servern eingesetzt?	Der Betrieb von Hotspots erlaubt einen einfachen drahtlosen Internetzugang für fremde Benutzer *Neben den Sicherheitsmechanismen, die durch geeignete WLAN-Standards gegeben sind, kommen Web-Authentisierung sowie Zusatzprotokolle zur Datenverschlüsselung zum Einsatz*
Gibt es einen Maßnahmenkatalog beim Diebstahl kritischer Komponenten?	Die Maßnahmen müssen verhindern, dass die gestohlenen Komponenten weiterhin Zugang besitzen. Alle auf den Komponenten hinterlegten Konfigurationsdaten mit Sicherheitsrelevanz müssen innerhalb des gesamten Netzes neu vergeben werden
Gibt es eine Richtlinie für die Dekommissionierung von WLAN-Komponenten?	Bei der Entsorgung von ehemaligen WLAN-Komponenten sind mindestens alle konfigurationsrelevanten Informationen zu löschen

Kapitel 6
PDAs

6.1 Weitere drahtlose Elemente im Netzwerk

Die weit verbreitete Nutzung von sogenannten Handhelds, deren einfache und kostengünstige Beschaffung auf dem Markt (z. B. über Mobilfunkverträge) und der damit verbundenen Vorteile, hat dazu geführt, dass z. B. PDAs eine echte Option für die mobile Nutzung von zentralen Anwendungen in Unternehmen geworden sind. Damit hat sich allerdings gleichzeitig eine neue Qualität der Gefährdung eingestellt. Neben den bereits vorhandenen Gefährdungspotentialen im WLAN sind zum Teil völlig neuartige aufgetreten. Andere haben bereits identifizierte Schwachstellen noch kritischer werden lassen. Bevor im Einzelnen auf das Spektrum dieser Gefährdungspotentiale und auf Möglichkeiten der Beherrschung eingegangen werden soll, wird zunächst eine Einführung in die neue Systemwelt selbst nötig sein.

Bisher wurden – mit der knappen Ausnahme Abschn. 2.8 (WMAN) – in der Tiefe lediglich die mittlerweile klassischen Komponenten des Netzwerks in ihrem Zusammenwirken vorgestellt: Server, Router, PCs, Laptops mit den zugehörigen Adaptern. Inzwischen sind zusätzliche Endgeräte auf den Markt gekommen, die sich in ein WLAN einbinden lassen. Diese sollen im Folgenden zunächst näher betrachtet werden – und zwar in der Reihenfolge:

- Hardware
- Standards
- Konfiguration und
- Sicherheitsaspekte.

6.2 Hardware-Komponenten

Vorgestellt werden drei Komponenten. Für die folgenden Erläuterungen wird ihr Einsatz in einem klassischen WLAN betrachtet. Andere Protokolle wie z. B. Bluetooth oder UMTS werden später an anderer Stelle behandelt. Bei den Komponenten handelt es sich um:

W. W. Osterhage, *sicher & mobil,*
DOI 10.1007/978-3-642-03083-3_6, © Springer-Verlag Berlin Heidelberg 2010

- PDAs,
- BlackBerries als Sonderform von PDAs und, kurz gestreift,
- Drucker,

wovon insbesondere die ersten beiden eine zunehmende Bedeutung gegenüber den klassischen Laptop-Anbindungen gewinnen. Die alten und neuen Gefährdungspotentiale werden weiter unten vorgestellt. Hier sollen zunächst die Grundfunktionalitäten betrachtet werden.

6.2.1   PDAs

Der Markt bietet mittlerweile eine unübersichtliche Vielfalt von PDAs (Personal Digital Assistants) an (s. Abb. 6.1). Darin unterscheidet er sich nicht vom Angebot üblicher Mobiltelefone. Die Telefonfunktionen von PDAs sollen aber hier nicht weiter verfolgt werden. Bei der Auswahl spielen insbesondere die nachfolgenden Kriterien eine Rolle:

- Gewicht
- Abmessungen
- Bedienkomfort und
- Leistungsumfang.

Hinzu kommen unterschiedlichste Kombinationen von Betriebssystemen und Schnittstellenprotokollen. Diese Kriterien kann man weiter klassifizieren, um ent-

Abb. 6.1 PDA

weder der Intention eines individuellen Users oder aber der strategischen Entscheidung eines Unternehmens, welches solche Geräte für seine Anwendungen zum Einsatz bringen möchte, entgegenzukommen:

- Anwendungsarten und/oder
- Bedienmodalitäten.

6.2.1.1 Anwendungsarten

Die Anwendungen sind mittlerweile so vielfältig wie es Funktionen im Unternehmen gibt. Man unterscheidet zum einen:

- Zwischen lokalen und Netzwerkfunktionen

und zum anderen:

- Zwischen PDA-typischen und Unternehmensfunktionen.

Typische Beispiele für beide Kategorien sind:

- Die Nutzung von Office-Software
- Telefon
- Organizer
- Kontaktverwaltung
- Medienanwendungen
- Navigationssysteme
- E-Mail-Funktionalitäten und Internet
- Datenspeicherung
- Unternehmensspezifische Anwendungssoftware, hier in Verbindung mit WLANs
- Sonstige Programme.

Der Vorteil von PDAs gegenüber klassischen Endgeräten wie Laptops oder Desktops liegt auf der Hand: von unterwegs aus oder außerhalb der eigenen Büroinfrastruktur – z. B. in Sitzungsräumen – können viele Funktionen wahrgenommen werden, für die man lediglich ein kleines, handliches Gerät mitzuführen braucht. Dabei wird selbst die Mobilität eines Laptops überboten. Das Gewicht ist klein. Ein Handkoffer zum Transportieren ist nicht erforderlich. Zusätzlich bieten diese Geräte eine Fülle von Optionen für den privaten Gebrauch (je nach Ausführung und Preis):

- GPS
- Navigationssystem
- Fotoalbum
- MP3 Player
- Videos etc.

Dabei wird allerdings sichtbar, dass die Grenze zwischen ernsthafter, geschäftsmäßiger Nutzung – ähnlich wie beim Internet – und Spielerei leicht überschritten werden kann. Und darin liegen eben auch Quellen für Gefährdungen. Letztere gering zu halten, erfordert eine hohe Disziplin aller Beteiligten.

Grundsätzlich muss man feststellen, dass sich die meisten Geräte in Preiskategorien bewegen, die für einen durchschnittlichen Mobilfunknutzer erschwinglich sind. Die Kombination mit Mobilfunk wird an dieser Stelle zunächst ausgeklammert und ist Gegenstand eines separaten Abschnitts.

6.2.1.2 Bedienmodalitäten

Für viele Individualnutzer spielt neben den Systemfunktionen die eigentliche Handhabung selbst eine wichtige Rolle bei der Auswahl. Einer der Hauptunterschiede findet sich in der Grundphilosophie, die die Eingabemöglichkeiten bestimmt:

- Mit Tastatur und
- ohne Tastatur.

Bei den PDAs ohne Tastatur gibt es weitere Varianten. Dazu gehören die Möglichkeit der Eingabe über:

- Touchscreen oder
- per Stift über das Display.

Für den IT-Strategen oder dem Sicherheitsbeauftragten im Unternehmen spielen sicherlich andere Auswahlkriterien eine Rolle als für einen individuellen User, der neben den professionellen Funktionen eben auch seine privaten Spielinteressen pflegen möchte. Strategische Überlegungen beziehen solche Gesichtspunkte ein, wie in der nachfolgenden Tab. 6.1 dargelegt:

Die Gewichtung der Kriterien hängt allerdings ab vom geplanten Einsatz dieser Geräte im Zusammenhang mit Unternehmensfunktionen und Fragestellungen, die mit der Nutzung in einem WLAN verbunden sind.

Zunächst hatten die ersten PDAs keinen wirkungsvollen Speicherschutz. Dagegen ist die heutige Generation mit virtueller Speicherverwaltung und Multitaskingmöglichkeiten ausgestattet. Daneben bestehen Möglichkeiten der Datenverschlüsselung sowie Authentifizierungsschnittstellen. Mittlerweile gibt es eigene Dateiverwaltungssysteme.

Tab. 6.1 PDA-Auswahlkriterien	Wartungsfreundlichkeit und Software-Updates
	Integrierte Backup-Funktionalität
	Benutzerfreundlichkeit
	Laufzeit des Akkus
	Anschaffungskosten
	Laufende Betreuungskosten
	Konfigurationsparameter und Synchronisation
	Andockmöglichkeiten an zentrale Systeme
	Unterstützung von Kommunikationsstandards
	Authentisierungsmöglichkeiten

6.2.2 BlackBerries

Bei den BlackBerries handelt es sich eigentlich nur um eine besondere Ausführung von PDAs, die zunächst von Research in Motion (RIM) angeboten wurde. Sie bilden allerdings für sich eine Geräteklasse, die wiederum ihre eigenen Nutzungsmöglichkeiten und damit auch Gefährdungen hat. Außerdem sehen die Hersteller dafür spezielle Sicherheitskonzepte vor. Deshalb sollen sie auch separat behandelt werden.

Bei den BlackBerries wurden die klassischen PDA-Funktionalitäten signifikant erweitert (s. Abb. 6.2). Ein BlackBerry wird in erster Linie zum Austausch von E-Mails und von PIM (Personal Information Manager)-Daten eingesetzt. Es bedient

Abb. 6.2 BlackBerry

sich dazu einer speziellen Echtzeit-Betriebssoftware sowie eines eigenen Protokolls zur Kommunikation. Die zusätzlichen Möglichkeiten der Telefonie sollen an dieser Stelle nicht weiter betrachtet werden.

Neben funktionalen und ergonomischen bietet ein BlackBerry gegenüber dem gängigen PDA noch weitere Vorteile. So werden alle Daten zwischen Server und Endgerät immer synchron gehalten, solange die Verbindung aufrecht erhalten bleibt. Sein integrierter MDS (Mobil Data Service) ermöglicht einen einfachen Zugang zu firmeninternen Datenbanken. Ein weiteres Feature besteht in der Komprimierung von großen Datenmengen durch den BlackBerry Enterprise Server (BES), der diese dann als Datastream mit akzeptabler Performance auf das Endgerät transportiert. Dafür bestehen auch spezielle Verschlüsselungsmöglichkeiten.

Desgleichen ist das BlackBerry-Endgerät befähigt, über den BES und Instant Messaging an anderen unternehmensinternen Kommunikationssystemen teilzunehmen.

Ergonomisch gesehen ist das Gerät wegen seines Trackwheels und der Tastenanordnung grundsätzlich mit einer Hand bedienbar. Neuere Versionen verzichten auch auf das Trackwheel und bieten statt dessen eine Sure-Type-Tastatur.

BlackBerries sind also geeignet, in Unternehmen und anderen Organisationen in einer entsprechenden Serverarchitektur zu operieren. Dadurch wird mittlerweile ein Komplexitätsgrad erreicht, der wiederum ein entsprechendes Management erfordert. Dafür wurden inzwischen entsprechende Plattformen und Tools entwickelt:

- Push Software Anwendungen für spezifische User Groups
- Versionsmanagement
- Spezielle Sicherheitsmodule
- Monitoring-Möglichkeiten.

All diese Funktionen lassen sich heute über eine einzige Administratorkonsole ausüben – und das innerhalb der Standard WINDOWS-Betriebssysteme mit entsprechendem Firewall-Schutz.

Informationen zur Sicherheitsphilosophie von BlackBerries sind weiter unten zu finden.

6.2.3 Drucker

Drucker können drahtlos vermittels verschiedener Protokolle und Technologien über ein WLAN angeschlossen und angesteuert werden. Voraussetzungen dafür sind eine entsprechende Aufrüstung mit den zugehörigen Adaptern und eine funktechnisch zugängliche geographische Aufstellung, sodass die Geräte sich nicht in einem Funkloch befinden.

Verfügt der Drucker über eine entsprechende 802.11g/b-Schnittstelle mit einer vernünftigen Reichweite von z. B. 50 m, ist zu prüfen, ob Sicherheitsfunktionen wie WPA; Passwortschutz, Vergabe von MAC-Adressen etc. angeboten werden. Die WLAN-Einrichtung erfolgt über die übliche Menüführung für Peripheriegeräte.

Zusätzlich ist zu beachten, dass auch ein WLAN-Drucker ständig seine Präsenz sendet, sodass Angreifer von außen seine und die Existenz des WLANs ermitteln können. Entsprechende Schutzmaßnahmen sind zu ergreifen.

6.3 Standards

Es gibt eine gewisse Anzahl von Standards, aus denen sich Administratoren bzw. IT-Beschaffer bedienen können. Im Weiteren wird unterstellt, dass Wi-Fi als dominante drahtlose Technologie akzeptiert wird. Hier noch einmal eine Zusammenfassung der relevanten Wi-Fi-Standards, die für den Einsatz von PDAs im WLAN in Frage kommen:

6.3.1 802.11b

Beim 802.11b handelt es sich um den ältesten Standard. Er ist stabil und wird weitverbreitet unterstützt und genutzt. Ein 802.11b-Netzwerk kann theoretisch Geschwindigkeiten von bis zu 11 Mbit/s verarbeiten. In der gängigen Praxis liegt der Durchsatz jedoch bei maximal 5 Mbit/s. Die Vorteile dieses Standards sind im Preissegment und in weitgehender Kompatibilität zu finden. 802.11b-Hardware ist überall zu finden und erschwinglich im Vergleich zu etwa 802.11g.

Es gibt allerdings auch Nachteile: Sicherheit und Performance sind zwei davon. Sicherheit ist deshalb ein Problem, weil 802.11b inzwischen so weit verbreitet ist, dass es mittlerweile ausreichend Werkzeuge gibt, um in ein 802.11-Netzwerk einzudringen – für den, der das will.

Eine Quelle für Performance-Probleme ist Funkinterferenz. Es gibt heutzutage so viele Access Points, dass es nicht mehr ungewöhnlich ist, Interferenzen durch andere Access Points in einem bestimmten Gebiet zu erfahren. Weil 802.11b im 2,4 GHz-Band arbeitet, kann es z. B. auch Interferenzen mit Mikrowellengeräten geben.

6.3.2 802.11g

802.11g ist eine Erweiterung von 802.11b und arbeitet deshalb auch innerhalb des 2,4 GHz-Frequenzbandes. Bzgl. Interferenzen gibt es also die gleichen Probleme wie für 802.11b. Der Hauptvorteil liegt allerdings in der Übertragungsgeschwindigkeit, die bei maximal 54 Mbit/s liegt. Diesem Vorteil stehen allerdings auch gewisse Nachteile gegenüber.

Zunächst benötigt ein 802.11g-Signal eine Bandbreite von 30 MHz, wobei die gesamte verfügbare Bandbreite bei 90 MHz liegt. Das bedeutet, dass sich damit dann innerhalb eines vorgegebenen Bereichs lediglich drei Access Points betreiben lassen.

Tab. 6.2 802.11x-Standards

Standard	Übertragungsrate (Mbit/s)	Frequenzbereich (GHz)	Reichweite (m)
802.11b	5–11	2,4	Innen 20–40 Außen 30–100
802.11g	54	2,4	Innen 20–40 Außen 30–100

Ein weiterer Nachteil ist die Reichweite, die beim 802.11g kürzer ist als beim 802.11b. Hierbei handelt es sich allerdings nicht nur um einen Nachteil. Denn unter diesen Umständen besteht auch wiederum die Möglichkeit, eine größere Anzahl Access Points z. B. in ein- und demselben Gebäude einzurichten. Diese Features sind gegeneinander abzuwägen vor dem Hintergrund der intendierten Anwendungen.

Ein weiterer Vorteil von 802.11g ist neben der Geschwindigkeit auch eine höhere Kompatibilität, unter anderem auch rückwärts mit 802.11b. Insofern ist ein Upgrade von 802.11b zu 802.11g unproblematisch. Zu beachten ist allerdings bei der physischen Konfiguration die kürzere Reichweite. Die Tab. 6.2 stellt die Informationen noch einmal zusammen:

6.4 Konfiguration

Im Folgenden wird davon ausgegangen, dass bereits ein WLAN in der Organisation existiert und in der Vergangenheit optimal konfiguriert worden ist.

6.4.1 Access Points

Zuallererst sind die Standardeinstellungen des Herstellers durch die eigenen Sicherheitseinstellungen zu ersetzen, um einen unautorisierten Zugriff zu vermeiden.

Der Anschluss eines Access Points erfolgt entweder direkt an einen PC mit Hilfe eines Cross-Over-Kabels oder aber über einen Switch oder Hub im drahtgebundenen Netz (s. Abb. 6.3). Hier nun die Konfigurationssequenz:

Access Point einschalten und Installations-CD starten. Der Setup-Assistent durchsucht dann das Netz nach dem Access Point. Je nach Hersteller besteht nun die Möglichkeit, eine neue SSID zu vergeben oder es erfolgt die automatische Zuweisung einer IP-Adresse.

Zu beachten sind außerdem die Hinweise aus 6.3 bzgl. der unterschiedlichen Reichweiten entsprechend der eingesetzten Protokolle. Die sicherheitsrelevanten Aspekte dazu werden weiter unten behandelt.

6.4.2 PDA Adapter

Es gibt PDAs, die bereits mit eingebautem Adapter geliefert werden. Ist das nicht der Fall, ist zu prüfen, ob das PDA über eine CF (Compact Flash)-Schnittstelle

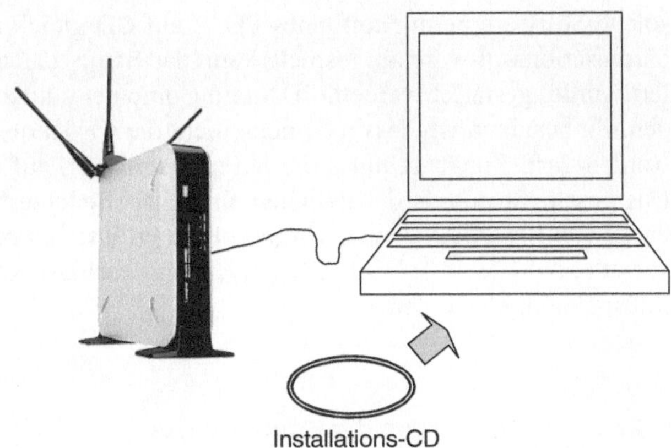

Abb. 6.3 Anschluss
Access Point

verfügt. In diesem Fall kann ein WLAN-CF-Adapter in den dafür vorgesehenen Steckplatz eingeschoben werden.

Solche Adapter (s. Abb. 6.4) sind unter anderem auch mit Power Management Features ausgestattet. Darüber hinaus unterstützen sie die üblichen 802.11 Standards. In der Regel liegt zudem eine Kompatibilität mit Pocket PC 2002 oder höher vor. Sie operieren im 2,4 GHz-Spektrum und unterstützen eine Datenrate von bis zu 54 Mbit/s. Normalerweise besteht außerdem eine 128-bit-WEP-Verschlüsselungssicherheit.

Im Folgenden werden die einzelnen Schritte zur Konfiguration kurz dargestellt:

6.4.2.1   Vorbereitung des PCs

Voraussetzung für die Installation ist das Vorhandensein einer entsprechenden Synchronisationssoftware, z. B. ActiveSync von Microsoft©. (Häufig kann man eine

Abb. 6.4 WLAN-PDA-
Adapter der Fa. Linksys

solche Software beim Kauf eines PDAs auf CD gleich miterwerben). Ist die Synchronisationssoftware aufgespielt, kann das Setup, das mit der CF-Karte mitgeliefert wurde, gestartet werden. PDA und Computer sind zunächst per Draht verbunden. Zu beachten ist, dass jetzt noch nicht die CF-Karte in den PDA eingeschoben werden darf. Zunächst muss die Setup-Installation auf dem PC gestartet werden. Das geschieht mittels der üblichen einfachen Benutzerführung, die lediglich eine Folge von Bestätigungen im vorgeschlagenen Installationsablauf beinhaltet („yes", „next", „ok", „exit"). Nach erfolgreichem Abschluss kann mit der Konfiguration selbst begonnen werden.

6.4.2.2   Konfiguration der Adapterkarte

Die Verbindung zwischen PDA und Computer muss nun unterbrochen werden. Die Adapterkarte wird sodann in den PDA eingeschoben. Dann erscheint das Startmenu auf dem PDA-Bildschirm. Es erfolgt die Bitte um Bestätigung der vorgeschlagenen IP-Adresse. Nach der Bestätigung erscheint das Logo des WLAN-Monitors auf dem PDA-Bildschirm.

6.4.2.3   Verbinden

Als nächster Schritt muss das Wireless Icon auf dem PDA durch Anklicken aktiviert werden. Danach erfolgt die Auswahl der Konfigurationsoptionen. Das weitere Vorgehen hängt nunmehr vom Betriebssystem des PDAs ab.

6.4.2.4   Beispiel PC 2003 (Microsoft)

Hierbei muss zunächst das WLAN, mit dem kommuniziert werden soll, ausgewählt werden. Bei WEP-Authentifizierung erfolgt die Aufforderung, jetzt den entsprechenden Schlüssel einzugeben. Danach sollte die Verbindung hergestellt sein. Wird keine WEP-Authentifizierung verlangt, erfolgt die Verbindung automatisch (durch „ok").

6.4.2.5   Beispiel PC 2002 (Microsoft)

Für diesen Fall bietet das Konfigurationsmenu mehrere Access Points zur Auswahl an. Es folgt die Aufforderung, den Netzwerknamen im SSID-Feld einzugeben. Im Falle von WEP-Security muss der Schlüssel im hexadezimalen Format eingegeben werden. Es bestehen noch Optionen für das Power Management. Dabei sind allerdings die Auswirkungen auf Reichweite und Performance zu beachten.

6.4.3 Integrierte WLAN-Funktionalitäten

Viele PDAs verfügen über integrierte WLAN-Funktionalitäten. Sie bieten eine Vielzahl von Menu-geführten Einstellungsmöglichkeiten. Dazu gehören:

- Anzeige der Verfügbarkeit eines WLANs in der Umgebung (ständige Prüfung einstellbar, auch während der Nutzung anderer Funktionen)
- Festlegen des Betriebsmodus: Infrastruktur oder ad hoc
- Definieren von Access Points
- Festlegen des Sicherheitsmodus: WEP, WPA
- Festlegen von Schlüsseln.

6.5 Sicherheitsaspekte

PDAs stellen neben den allgemeinen, klassischen Sicherheitsrisiken für WLAN-Anwendungen zusätzliche Gefährdungspotentiale dar. Deshalb sind auch erweiterte dezidierte Gegenmaßnahmen erforderlich. Die Gefährdungspotentiale werden im Folgenden näher ausgeleuchtet. Erste Weichenstellungen sind schon im Rahmen von strategischen Überlegungen zum Netzaufbau zu treffen. Grundsatzfragen müssen beantwortet werden. Nur ein Zusammenspiel von organisatorischen und technischen Maßnahmen kann das Gesamtrisiko minimieren (s. Abb. 6.5).

Ein konkreter, detaillierter Maßnahmenkatalog gliedert sich nach den Kriterien, die in der folgenden Tab. 6.3 vorgeschlagen werden:

Neben generellen Maßnahmen für alle PDA-Anwendungen gibt es Herstellerspezifische Strategien, die am Beispiel des BlackBerry weiter unten vorgestellt werden.

Abb. 6.5 Sicherheitspyramide

Tab. 6.3 Gefährdungspotentiale

Szenarien	Angriffsziele	Angriffsart
Angreifer im Besitz des Gerätes	Anwendungen	Diebstahl
Angreifer nicht im Besitz des Gerätes	Dienste	Manipulation
	Betriebssysteme	
	Kommunikation	
	Infrastruktur	

6.5.1 Grundsätzliche Gefährdungspotentiale

Mobile Endgeräte können leicht in unsicheren Umgebungen betrieben werden. Das liegt in der Natur ihrer einfachen Mobilität begründet. Zudem bieten ihre diversen Kommunikationsprotokolle und Schnittstellen zu Betriebssystemen jede Menge Angriffsfläche für entschlossene Eindringlinge. Bei einigen Geräten sind die Sicherheitsfunktionen nicht ausreichend ausgeprägt. PDAs können leichter entwendet, verloren oder beschädigt werden als z. B. Laptops oder fest installierte PCs.

Daneben besitzen sie die üblichen Schwachstellen, wie sie generell bei drahtlosen Verbindungen vorkommen, als da sind:

- Abhörmöglichkeiten
- Z. T. einfache Authentifizierungsverfahren
- Empfindlichkeit gegen beabsichtigte und unbeabsichtigte Störsignale.

Hinzu kommen die klassischen Angriffsflächen, wie sie auch bei festverdrahteten Netzen auftreten (einschleichen über das Internet, über E-Mail-Accounts usw.).

6.5.2 Strategische Maßnahmen

Wie bereits erwähnt, lässt sich eine gewisse Minimierung des Gefahrenpotentials bereits sich im Vorfeld zum eigentlichen Anwendungsbetrieb durch eine geeignete Einsatzstrategie für PDAs erreichen. Dabei müssen solche grundsätzlichen Fragen beantwortet werden wie:

- Für welche Anwendungen kommt ein Einsatz überhaupt in Frage?
- Gibt es spezielle Endgeräte für den Gebrauch im Unternehmen oder dürfen auch private Geräte benutzt werden?
- Welche Daten dürfen auf den PDAs gespeichert werden?
- Gibt es klare und einvernehmliche Richtlinien für die Nutzung von PDAs als Teil der Sicherheitsstrategie im Unternehmen?
- Gibt es entsprechende Kontrollmechanismen, um unerlaubte Nutzung weitgehend auszuschließen.

Sind diese Grundsatzfragen einmal geklärt, können sich die Verantwortlichen Gedanken über die Auswahl der zu beschaffenden Geräte machen. Die folgende Tab. 6.4 gibt einige Kriterien an, die bei dieser Auswahl nützlich sein können:

Tab. 6.4 Auswahlkriterien für die Beschaffung von PDAs

Wartungsfreundlichkeit, Update-Strategie des Herstellers
Ausfallsicherheit, Backup-Möglichkeiten
Benutzerfreundlichkeit
Abmessungen und Gewicht
Kosten
Inbetriebnahme und Konfiguration
Administrationsschnittstelle
Datenübertragungsprotokolle

Anhand eines solchen Kriterienkatalogs kann der Markt sondiert werden. Zusätzlich können die Auswahlkriterien gewichtet werden, um den Entscheidungsprozess zu vereinfachen. Besondere Aufmerksamkeit haben folgende Sicherheitsaspekte:

- Authentisierungsverfahren
- Verschlüsselte Datenübertragung
- Einbindung zusätzlicher Sicherheitsmöglichkeiten z. B. durch Updates
- Verfahren der Datensicherung.

All diese Aspekte legen nahe, dass die Beschaffung im Einvernehmen mit den technischen Experten im Hause abgestimmt werden muss.

6.5.3 Organisatorische Maßnahmen

Die organisatorischen Sicherheitsmaßnahmen lassen sich unterscheiden nach:

- Allgemeinen organisatorischen Maßnahmen
- Technischen Maßnahmen im Rahmen der IT-Sicherheit
- Technischen Maßnahmen bezüglich der Kommunikation.

All diese Anforderungen lassen sich zusammenfassen als eigenständiges Teilgebiet der Unternehmens-IT-Sicherheitsstrategie. Sie sollten so auch entsprechend dokumentiert werden.

6.5.3.1 Allgemeine organisatorische Maßnahmen

Die folgenden Maßnahmen sind zu dokumentieren. Die Benutzer von PDAs sind darüber zu belehren. Ihre Kenntnisnahme ist durch Unterschrift festzuhalten und zu archivieren (s. Abb. 6.6). – Hier die Maßnahmen:

- Kontrolle der privaten Endgeräte bezüglich ihrer Nutzung im Unternehmens-WLAN

In der Regel muss eine Nutzung privater PDAs ausgeschlossen werden – sowohl was firmeninterne Anwendungen als auch Datensynchronisation betreffen.

- Freigabeverfahren für Anwendungen auf den Endgeräten

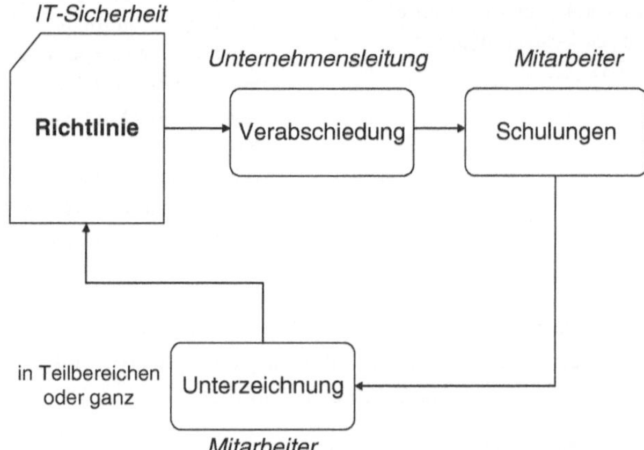

Abb. 6.6
Richtlinienprozess

Nur für den Unternehmensgebrauch benötigte und entsprechend zertifizierte Software darf auf PDAs zum Einsatz kommen. Ausgeschlossen ist alles andere: von Spielen bis Klingeltönen.

- Verschlüsselungsvorgaben für Kommunikation und Daten

Die IT-Sicherheitsverantwortlichen müssen einen Verschlüsselungsalgorithmus vorgeben, der von den Benutzern anzuwenden ist. Dabei ist neben den Sicherheitsaspekten auch die einfache Handhabung zu bedenken.

- Verpflichtung zur körperlichen Beaufsichtigung der mobilen Endgeräte

Die Beaufsichtigungspflicht mit der Maßgabe der sicheren Verwahrung geht über den Firmenbereich hinaus, wenn das Gerät mit auf Reisen oder nachhause genommen wird. Das betrifft auch das Belassen im Fahrzeug z. B. in Tiefgaragen. Wenn die Geräte nicht in Gebrauch sind, sollten sie am Körper getragen oder weggeschlossen werden.

- Richtlinien zur Datensicherung

Die IT-Sicherheit muss Vorgaben machen mit welchen Verfahren und in welcher Häufigkeit bestimmte Daten, die sich auf dem PDA befinden, vom Benutzer selbst zu sichern sind.

- Restriktive Verarbeitung außerhalb des Unternehmens

PDAs bieten sich an für den Nutzen außerhalb des Unternehmens. Das ist eines der entscheidenden Vorteile, warum überhaupt auf PDAs zurückgegriffen wird. Der entscheidende Nachteil liegt in all den bereits erwähnten Sicherheitsproblemen, die damit einhergehen. Deshalb sollte eine solche externe Nutzung nur für Anwendungen freigegeben werden, wo die Vorteile eindeutig die Sicherheitsnachteile aufwiegen.

6.5.3.2 Technische Maßnahmen: IT-Sicherheit und Kommunikation

- Inventarisierung der Geräte

Auch wenn bzgl. des Anschaffungspreises bestimmte PDAs als geringwertige Wirtschaftsgüter eingestuft werden können, dient die technische Inventarisierung als Grundlage für eine lückenlose Überwachung der Geräte. Gleichzeitig mit der Inventarisierung sollte der aktuelle Nutzer gepflegt werden.

- Password-Strategie

Die Password-Strategie beinhaltet zweierlei:

- Festlegung des Zyklus, nach dem das Password aktualisiert werden muss
- Festlegung der Password-Struktur: Länge, Zeichenkombination etc.

- Verschlüsselung von Daten und Speichermedien

Um die oben angeführte zugehörige organisatorische Maßnahme zur Datenverschlüsselung durchführen zu können, müssen die IT-Verantwortlichen die technischen Verfahren auswählen und in handhabbarer Weise bereitstellen.

- Berechtigungskonzept (s. Abb. 6.7)

Das Berechtigungskonzept für PDAs sollte über das bereits existierende Konzept für Anwendungen hinausgehen. Dazu kann neben den bereits greifenden Authentisierungsverfahren für das WLAN, den Anmeldeschutz durch das Account-Password und die restriktiven Zugriffe im Rahmen der Anwendungen selbst auch eine zusätzliche Authentifizierung der Person vor der eigentlichen Systemanmeldung gehören.

- Synchronisierung durch sichere Protokolle

Neben dem Nutzen von Anwendungen oder der Abfrage von Geschäftsemails gehört die Synchronisation mit den Kalenderfunktionen zu den attraktiven Features von PDAs. Sie kann per Draht oder eben auch drahtlos erfolgen. Im letzteren Falle ist sicherzustellen, dass die dazu erforderlichen Übertragungsprotokolle so sicher sind, dass ein Abhören durch Unbefugte nicht oder nur mit großem Aufwand möglich ist.

- Einbindung der Geräte in vorhandene Betriebssysteme ohne Plug-ins

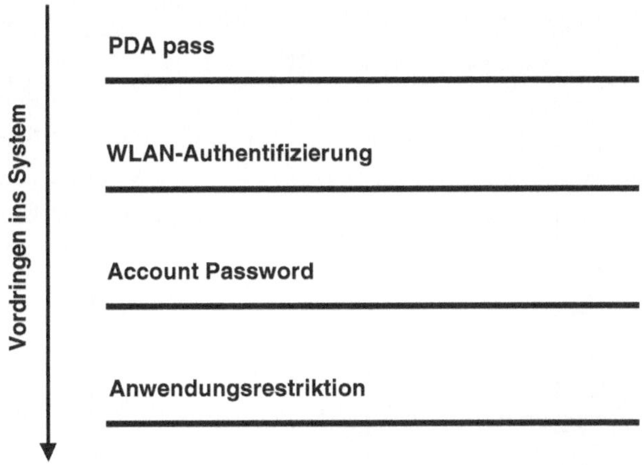

Abb. 6.7 Schichten des Berechtigungskonzepts

Ein Herunterladen von Plug-ins, die z. B. den Bedienungskomfort von gängigen Betriebssystemprogrammen erleichtern oder Customizing darf nicht zugelassen und sollte möglichst auf technischem Wege verhindert werden (Administratorenrechte).

- Überwachung von Identifizierung und Authentisierungstransaktionen

Durch entsprechendes Logging und Konservierung der Logdateien über einen längeren Zeitraum lassen sich später Transaktionen nachvollziehen – auch fehlgeschlagene Versuche von Eindringlingen.

Um all diese Maßnahmen greifbar zu machen, sind entsprechende Überprüfungsmodalitäten einzuführen. Dazu gehören z. B.:

- Network Control Software

Auf dem Markt gibt es unterschiedliche Angebote mit entsprechendem Tiefgang. In allen Fällen wird ein Logging betrieben, dass erfolgreiche, aber auch abgewiesene Versuche registriert, ins Netz zu gelangen. Desgleichen ermöglichen diese Programme, jederzeit Auskunft über den Benutzerstatus des Netzwerks zu geben:

Anzahl User, Anzahl Prozesse, Traffic etc. Außerdem gibt es die Möglichkeit, Zugriffsfilter beispielsweise auf IP- oder MAC-Ebene zu setzen.

- Alarmierungsmechanismen

Neben den technischen Maßnahmen, die denen im WLAN außerhalb der PDA-Nutzung entsprechen (Abschalten eines Zugriffs etc.), verlangen Verlust oder Diebstahl eines PDAs nach zusätzlichen Aktionen. Dafür sollte in den Organisationen ein eigener Alarmierungsprozess aufgesetzt werden. Er könnte etwa wie in Abb. 6.8 strukturiert sein.

- Regelmäßige Überprüfung der Infrastruktur

Der IT-Sicherheitsbeauftragte zusammen mit dem IT-Management ist verantwortlich für die Dokumentation der vorhandenen Infrastruktur. Er ist außerdem

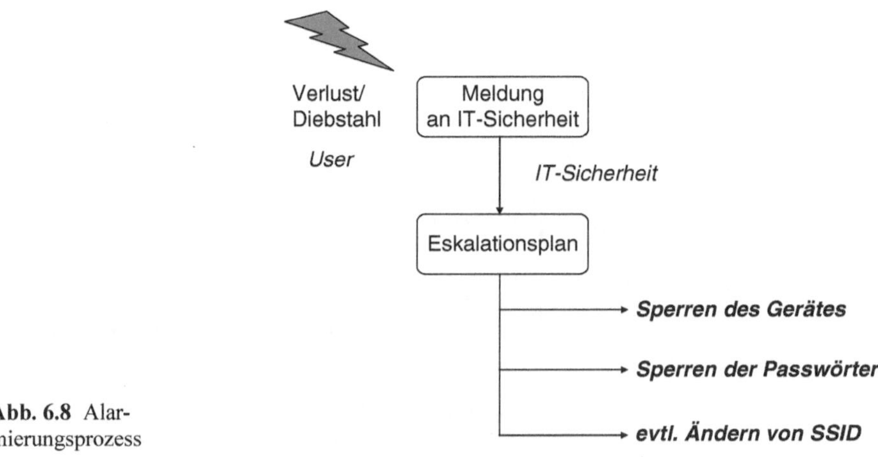

Abb. 6.8 Alarmierungsprozess

gehalten, deren Nachhaltigkeit zu überprüfen. Dazu gehört neben der körperlichen Inspektion auch die Überprüfung der entsprechenden Kommunikationsprotokolle und -logdateien, um Zugriffe von Stationen zu identifizieren, denen
keine offizielle Freigabe erteilt worden ist. Da sich Gebäudestrukturen oder Ein-
satzbereiche durch interne Umzüge ändern können, sind auch die physikalischen
Bedingungen für eine kontinuierlich optimale Netzkommunikation regelmäßig
zu überprüfen.

- Aktualisierung von Synchronisationsprogrammen, Kommunikationsprotokollen
  und Betriebssystemen

Diese Software-Komponenten sind auf dem aktuellsten Stand zu halten, damit
einerseits fortgesetzte Kompatibilität gewährleistet ist, und andererseits der Support
durch die Lieferanten gewährleistet bleibt. Ein Zurückfallen hinter dem neuesten
Releasestand minus zwei ist nicht mehr hinnehmbar.

6.5.4 Konkrete Gefährdungsszenarien

Die konkreten Potentiale wurden eingangs zu diesem Abschnitt in der Tabelle vorgestellt. Im Einzelnen sollen jetzt die beiden Blöcke:

- „Angreifer im Besitz eines Endgeräts" und
- „Angreifer nicht im Besitz eines Endgeräts"

mit den Auswirkungen auf:

- Anwendungen
- Dienste
- Betriebssystem
- Kommunikation und
- Infrastruktur

durchgespielt werden.

6.5.4.1 Angreifer im Besitz eines Endgerätes

Dies ist das folgenschwerste Szenario. Folgende Gefährdungspotentiale lassen sich
klassifizieren:

Angriffsziel Anwendungen:

- Ausspionieren von Daten: persönliche Daten, sicherheits- und konfigurations-
  relevante Daten, Geschäftsdaten
- Manipulation von Daten inklusive Löschen: durch Verfälschung und Sabotage
  die Wettbewerbsfähigkeit eines Unternehmens untergraben
- Informationen von Unternehmensprozessen erhalten: über den Workflow, über
  Datenbankstrukturen, E-Mail-Ordner

- Betriebssystemanalyse, Sicherheitseinstellungen: die Kenntnis dieser Informationen ermöglicht das tiefere Eindringen in die Unternehmensdatenwelt
- Manipulation des Registry: Systemeinstellungen im LAN so ändern, dass eine Benutzung erschwert, wenn nicht gar unmöglich wird
- Einschleusen von Viren etc.

Angriffsziel Dienste und Betriebssystem:

- Betriebssystemanalyse, Sicherheitseinstellungen (s. o.)
- Manipulation des Registry (s. o.)
- Einschleusen von Viren etc.

Angriffsziel Infrastruktur:

- Manipulation des Endgerätes: sodass sein Missbrauch zunächst nicht erkannt wird
- Zerstörung des Gerätes
- Kopien und Einsatz fremder Geräte: Vortäuschen eines legalen Zugriffs

6.5.4.2 Angreifer nicht im Besitz eines Endgerätes

Für den Angreifer ist diese Ausgangslage schwieriger. Ein technisch versierter Angreifer kann aber dennoch Schaden anrichten, indem er sich mit anderen Methoden über ein fremdes Gerät Zugang verschafft. Dem geht ein vorgeschalteter Abhörprozess der PDA-Kommunikation mit entsprechender Technologie voraus. Hier stellen sich folgende Gefährdungspotentiale ein:

Angriffsziel Anwendungen:
(analog zu oben)

- Ausspionieren von Daten
- Manipulation von Daten inklusive Löschen
- Informationen von Unternehmensprozessen erhalten
- Betriebssystemanalyse, Sicherheitseinstellungen
- Manipulation des Registry
- Einschleusen von Viren etc.

Angriffsziel Dienste und Betriebssystem:

- Hacking der Authentifizierung: durch Abhörtechniken des Funkverkehrs, in den Besitz der Authentifizierungscodes gelangen
- Über Einschleichmethoden in Sessions eindringen; dann:
- Betriebssystemanalyse, Sicherheitseinstellungen
- Manipulation des Registry
- Einschleusen von Viren etc.
- Denial-of-Service: durch massive Belastung des Servers, über welchen eingehende Nachrichten verarbeiten werden, das System wegen Überlast zum Stillstand bringen – eine beliebte Methode, um Internetseiten unverfügbar zu machen

Angriffsziel Kommunikation:

- Spoofing: alle Methoden, um an Authentifizierungscodes, Netzwerkprotokolle, Systemadressen zu kommen
- Man-in-the-middle Tarnung: sich unbemerkt zwischen zwei Kommunikationspartner einzuschleusen, um auf diese Weise alle wichtigen Informationen zum Eindringen bzw. Ausspionieren zu erhalten
- Denial-of-Service durch entsprechende Nutzung von Diensten
- Protokoll-Angriffe: Veränderung von Protokollen und Mappings, die Systeme untauglich machen
- Abhorchen, Sniffing

Angriffsziel Infrastruktur:

- Diebstahl des Endgerätes
- Abhören des Datenverkehrs mit Rückschlüssen auf die Infrastruktur (s. o.)

6.5.5 Sonderfall BlackBerries

Die Hersteller von BlackBerries, RIM (Research in Motion), haben eine ganze Palette von Sicherheitsmechanismen entwickelt, die mit ihren Systemen mitgeliefert werden. Dazu gehören:

- Ein ganzheitliches Sicherheitskonzept für Unternehmen
- Spezielle Verschlüsselungsalgorithmen
- Besondere Sicherheitsmaßnahmen für die WLAN-Nachrichtenübertragung
- Besondere Schutzeinrichtungen für gespeicherte Daten
- Besonderer Schutz für die Komponentenarchitektur
- Lokale User-Authentifizierung
- Möglichkeiten zur Gerätekontrolle
- Spezielle Maßnahmen bei Diebstahl und Verlust.

Hier sollen nur beispielhaft einige Aspekte weiterverfolgt werden.

6.5.5.1 Generelles Sicherheitskonzept

Die BlackBerry Lösung basiert auf die Symmetric Key Cryptography und stellt über dieses Verfahren Vertraulichkeit, Integrität und Authentizität her.

Vertraulichkeit wird sichergestellt durch Scrambling auf der Basis eines geheimen Schlüssels, den nur der beabsichtigte Empfänger kennt.

Integrität wird dadurch erreicht, dass das BlackBerry-Gerät Daten zusammen mit einem oder mehreren nach dem Zufallsverfahren generierten Nachrichtenschlüssel verschickt, um Entschlüsselung durch Dritte zu verhindern. Nur der BlackBerry Enterprise Server und das Gerät selbst kennen den Master Key und das verwendete Format.

Authentizität wird erreicht durch Authentifizierung des Gerätes beim BlackBerry Enterprise Server über diesen Master Key.

Maximaler Datenschutz wird erreicht durch

- Verschlüsselung von Datenverkehr zwischen dem BlackBerry Enterprise Server und dem Endgerät
- Verschlüsselung von Datenverkehr zwischen dem Nachrichtenserver und dem E-Mail-System eines Nutzers
- Verschlüsselung von Daten auf dem Endgerät selbst
- Verschlüsselung von Konfigurationsdaten
- Lokale Nutzerauthentifizierung am Gerät durch eine Smart Card mit Password oder Passphrase.

6.5.5.2 Sicherheit im WLAN

Das BlackBerry-Sicherheitskonzept versucht, fortgeschrittene Sicherheitsansätze mit vorhandener Netzwerktechnologie in Einklang zu bringen. Dabei soll der Enduser problemlos und sicher Nachrichten versenden und empfangen können, ohne an seinen Arbeitsplatz gebunden zu sein. Das Zusammenspiel mit einem BlackBerry Enterprise Server kann so aussehen wie in Abb. 6.9:

X schickt eine Nachricht an Y vom Desktop aus. X und Y arbeiten in derselben Firma.

Der Nachrichtenserver erhält die E-Mail und benachrichtigt den BlackBerry Enterprise Server über den Empfang.

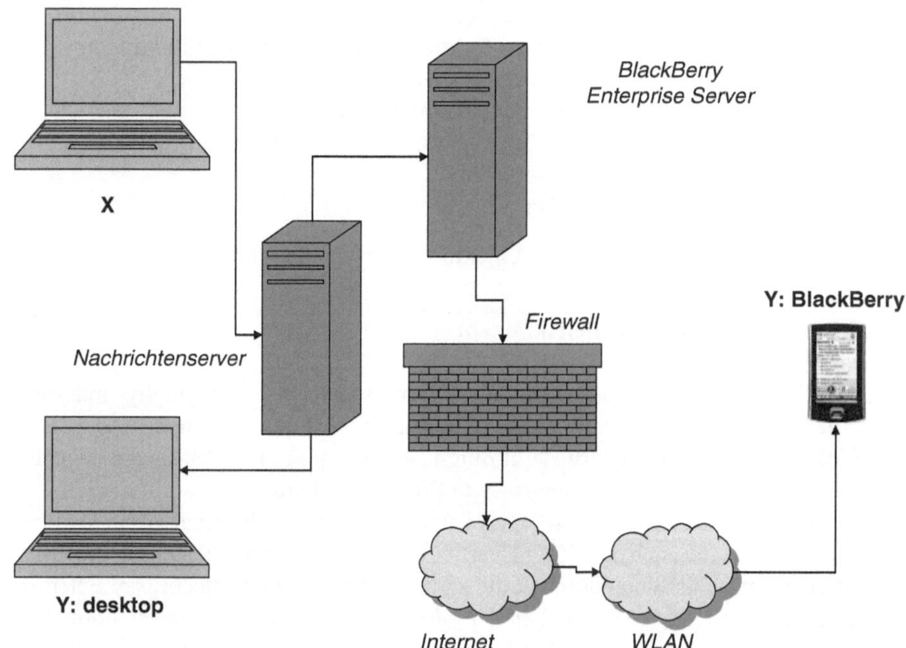

Abb. 6.9 Empfang einer Nachricht auf einem BlackBerry

Der Nachrichtenserver liefert die Nachricht an den Desktop von Y.

Der BlackBerry Enterprise Server übernimmt die Nachricht vom Nachrichtenserver.

Der BlackBerry Enterprise Server fragt den Nachrichtenserver ab, ob eine Weiterleitungseinstellung auf das mobile BlackBerry von Y vorliegt.

Der BlackBerry Enterprise Server komprimiert und verschlüsselt die Nachricht.

Der BlackBerry Enterprise Server stellt die Nachricht in die Sendewarteliste ein.

Das WLAN routet und liefert die verschlüsselte Nachricht auf dem BlackBerry von Y ab.

Das BlackBerry von Y empfängt die verschlüsselte Nachricht, entschlüsselt sie und zeigt sie an.

Ganz ähnlich geht der umgekehrte Vorgang vonstatten, wenn vom BlackBerry eine Nachricht nach innen geschickt wird (s. Abb. 6.10).

Y verschickt eine Nachricht vom BlackBerry über das WLAN.

Die Nachricht wird vom Internet weitergeleitet.

Die Nachricht muss die Firewall des zentralen Netzwerks überwinden.

Die Nachricht gelangt auf den BlackBerry Enterprise Server.

Von dort wird sie auf den Nachrichtenserver weitergeleitet.

Schließlich erscheint sie auf dem Desktop von X.

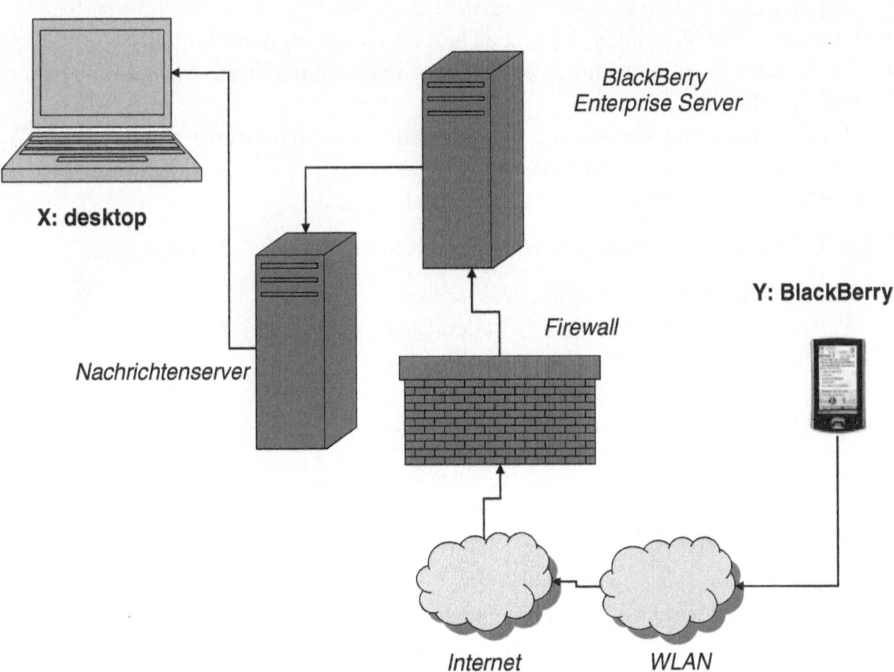

Abb. 6.10 Nachricht nach innen

6.5.5.3   Diebstahl oder Verlust von BlackBerries

Es gibt eine Anzahl von Maßnahmen, die – auch nachdem ein BlackBerry in den unzulässigen Besitz Dritter gelangt ist – geeignet sind, gewisse Sicherheitsmechanismen wirken zu lassen. Dazu gehören:

- Schutz der Anwendungen durch Passwörter
- Erkenntnis von Zugriffen durch entsprechendes Logging
- Einschränkung von Download-Möglichkeiten
- Locking des Gerätes
- Remote Disabling und Löschen von bestimmten Daten, sobald ein Zugriff von einem gestohlenen Gerät aus erfolgt
- Löschen von Masterkeys
- Entkoppeln der Smart Card vom Gerät.

6.5.5.4   Management Plattformen für BlackBerries

Um Kosten zu senken und die Sicherheit zu erhöhen, werden Management Plattformen angeboten für größere BlackBerry-Anwendungen. Solche Service Management Systeme erfüllen folgende Aufgaben:

- Pushen von spezifischen Software-Anwendungen auf bestimmte User oder Usergruppen
- Verwalten von Versionen, Upgrades und Gruppenmitgliedschaften
- Aufdecken, Anzeigen und Löschen von nicht-autorisierten Anwendungen auf individuellen PDAs
- Unterstützung und Verwaltung von tausenden von BlackBerry-Nutzern und vielen BlackBerry Enterprise Servern
- User Logging, Authentifizierung und Analyse.

Diese Funktionalitäten ermöglichen jederzeit Statusberichte zu Fragen wie:

- Wie sieht die BlackBerry-Infrastruktur aus?
- Welche Anwendungen werden von den Usern gefahren?
- Was ist auf den Endgeräten installiert?
- Was läuft gerade auf den Geräten?
- Wie viele Geräte welchen Typs sind vorhanden?

6.5.6   PDA Direktive

Zu den organisatorischen Maßnahmen, die Sicherheit in einem Unternehmen bei verbreiteter PDA-Nutzung zu erhöhen, gehört das Erstellen und Durchsetzen von entsprechenden Richtlinien, bzw. Direktiven. Eine solche Direktive sollte die folgenden Elemente enthalten:

- Beschreibung der Zielsetzung
- Definition des Gültigkeitsbereichs
- Richtlinien über den erlaubten Gebrauch von PDAs
- Konsequenzen bei Zuwiderhandlungen
- Bestätigung und Unterschriften.

6.5.6.1 Zielsetzung

Die PDA Direktive ist die Grundlage für Kostenkontrolle, organisatorische Sicherheit und Verhinderung von Diebstahl von PDA-Geräten.

6.5.6.2 Gültigkeitsbereich

Diese Richtlinie betrifft Verantwortliche auf allen Leitungsebenen (Vorstände, Geschäftsführer, Abteilungsleiter etc.), alle Mitarbeiter, die mit PDAs umgehen, Mitarbeiter von Subunternehmen, Teilzeitbeschäftigte, Auszubildende und sonstige Beschäftigte, die mit solchen Anwendungen in Berührung kommen.

6.5.6.3 Richtlinie

Eine solche Richtlinie könnte beispielhaft so aussehen:

Richtlinie zur Handhabung von PDAs Das Unternehmen stellt PDAs für eine begrenzte Anzahl von Nutzern zur Verfügung. Zum Erhalt einer generellen Nutzungsberechtigung muss ein entsprechender Antrag gestellt werden (s. Antrag PDA). Nach Prüfung erfolgt die Vergabe einer Nutzungsberechtigung.

In besonderen Fällen können Vorgesetzte PDAs für ihre Mitarbeiter beantragen. Dazu müssen zwingende Geschäftsgründe vorliegen. Der Antrag ist formlos an den IT-Sicherheitsbeauftragten zu stellen.

Die Leitung des IT-Bereichs ist verantwortlich für die Auswahl kompatibler PDAs und die Support-Organisation. Entscheidungen über die Nutzerberechtigung fallen nicht in deren Kompetenzbereich, ebenso wenig wie die zur Verfügungstellung der erforderlichen finanziellen Mittel für die Beschaffung individueller Geräte. Die Anschaffungs- und Unterhaltungskosten für eine PDA-Nutzung werden von den Fachabteilungen getragen.

PDAs, die dem Unternehmen gehören, dürfen nur für unternehmensdienliche Zwecke eingesetzt werden. Eine Nutzung für persönliche Belange ist ausgeschlossen. Entstehen durch persönliche Nutzung Kosten für den Nutzer, sind diese ausschließlich von ihm selbst zu tragen. Entstehen dem Unternehmen Kosten durch persönliche Nutzung, werden diese dem Nutzer in Rechnung gestellt.

Es ist verboten, nicht-autorisierte Software auf Unternehmens-PDAs zu installieren. Ebenso ist untersagt, zusätzliche Software oder Dienste (z. B. Klingeltöne) auf PDAs herunterzuladen.

Es ist untersagt, nicht-autorisierte PDAs an andere Geräte des Unternehmens, wie Computer, Laptops, Server oder Netzwerke anzudocken, zu verbinden oder mit diesen zu synchronisieren, ohne dass eine vorherige schriftliche Genehmigung dazu vorliegt.

Beschäftigte, die ein PDA mit Nutzungsgenehmigung erhalten, sind verantwortlich für die Sicherheit dieser Geräte. Die Geräte sind während einer Geschäftsreise permanent mitzuführen. Gestohlene oder verlorene PDAs müssen durch den Nutzer ersetzt werden. Die Geräte bleiben im Besitz des Unternehmens.

Auf dem PDA dürfen keine sensiblen und vertraulichen Informationen gespeichert werden. Im Falle von Verlust oder Diebstahl ist der IT-Sicherheitsbeauftragte sofort zu informieren, damit entsprechende Schritte zur Fernvernichtung von Kontakt-, Kalender- und Konfigurationsdaten eingeleitet werden können.

Zuwiderhandlungen Jede Zuwiderhandlung gegen die PDA-Richtlinie muss sofort dem IT-Sicherheitsbeauftragten gemeldet werden. Zuwiderhandlungen können zu disziplinarischen Maßnahmen bis hin zur Auflösung des Arbeitsverhältnisses führen. Unbenommen davon sind zusätzliche weitere gerichtliche Schritte.

Bestätigung der Belehrung Diese Richtlinie sollte Teil der umfassenden Sicherheitsbelehrung von Mitarbeitern sein. Im Anschluss kann dann folgende Vereinbarung unterzeichnet werden:

Kenntnisnahme der PDA-Richtlinie Bitte, lesen Sie die vorliegende PDA-Richtlinie und zeichnen Sie unten auf dem Dokument gegen. Eine Kopie mit Ihrer Unterschrift geht an den IT-Sicherheitsbeauftragten.

Ihre Unterschrift bestätigt:

1. Ich habe die PDA-Richtlinie erhalten, verstanden und stimme ihr zu.
2. Ich bestätige, dass ich PDAs, die mir vom Arbeitgeber übergeben werden, ausschließlich für die Zwecke des Unternehmens benutzen werde.
3. Ich bin damit einverstanden, dass ich Kosten, die durch meine eventuelle private Nutzung des Gerätes dem Unternehmen entstehen, zurückerstatten werde.
4. Ich werde keine PDAs an Computer, Laptops, Server, Systeme oder Netzwerke anschließen, die nicht zur freigegebenen Ausstattung des Unternehmens gehören und mir zu diesen Zwecken anvertraut sind.
5. Ich werde keine vertraulichen und sicherheitsrelevanten Daten auf dem PDA speichern.
6. Ich habe verstanden, dass ich verantwortlich bin für Sicherheit und Ersatz des Gerätes bei Verlust. Das Gerät bleibt im Besitz des Unternehmens.
7. Ich habe verstanden, dass Zuwiderhandlungen zur Richtlinie rechtliche Konsequenzen haben können.

Name des Beschäftigten
Unterschrift des Beschäftigten
Abteilung
Datum

Eine PDA-Richtlinie allein kann kein Risiko ausschließen. Deshalb ist es wichtig, dass die IT-Sicherheitsverantwortlichen dafür sorgen, dass die Richtlinie konsequent umgesetzt wird. Dazu gehören die weiter oben erläuterten technischen Maßnahmen unter Einsatz entsprechender Management-Plattformen.

6.6 Checkliste PDA

In der folgenden Tab. 6.5 werden alle sicherheitsrelevanten Aspekte bei der Nutzung von PDAs in einem WLAN aufgeführt:

Tab. 6.5 Checkliste PDAs

Existiert in Ihrem Arbeitsumfeld bereits ein WLAN?	Beim Betrieb eines drahtlosen Netzes sind gegenüber einem drahtgebundenen Netz zusätzliche Sicherheitsanforderungen zu beachten
Möchten Sie ein neues WLAN aufbauen?	WLAN in einer größeren Organisation sollte eingebunden sein in die gesamte IT-Strategie inklusive der IT-Sicherheitsstrategie
Sind die Sicherheitszuständigkeiten in Ihrem Unternehmen geregelt (strategisch, organisatorisch, technisch)?	Die organisatorischen Sicherheitsmaßnahmen lassen sich unterscheiden nach allgemeinen organisatorischen Maßnahmen, technischen Maßnahmen im Rahmen der IT-Sicherheit, technischen Maßnahmen bezüglich der Kommunikation *Ungeregelte Zuständigkeiten im Sicherheitsbereich gefährden einen geregelten Betrieb*
Sind Sicherheitsrichtlinien zur WLAN-Nutzung dokumentiert?	Die Sicherheitsrichtlinien sind eigenständiges Teilgebiet der Unternehmens-IT-Sicherheitsstrategie *WLAN relevante Sicherheitsaspekte sollten gesondert dokumentiert werden*
Enthalten die Sicherheitsrichtlinien einen Maßnahmenkatalog für Sicherheitsvorfälle?	Je nach Sicherheitsvorfall greifen unterschiedliche Maßnahmen
Ist die Nutzung von Handhelds geregelt?	Neben den bereits vorhandenen Gefährdungspotentialen im WLAN sind zum Teil völlig neuartige durch Handhelds aufgetreten *Durch hohe Mobilität und weitere Kommunikationsmöglichkeiten werden mögliche Gefährdungen potenziert*
Existieren Kontrollmechanismen, um unerlaubte Nutzung auszuschließen?	Eine Minimierung des Gefahrenpotentials lässt sich durch eine geeignete Einsatzstrategie für Handhelds erreichen *Fehlende Kontrollmechanismen ermöglichen unerlaubte und unentdeckte Nutzung*
Sind zulässige Netzwerkfunktionen für Handhelds festgelegt?	Kommunikationsprotokolle und Schnittstellen zu Betriebssystemen bieten jede Menge Angriffsfläche für entschlossene Eindringlinge *Netzwerkfunktionen sollten auf das Notwendigste beschränkt werden*

Tab. 6.5 (Fortsetzung)

Sind die E-Mail-Funktionen für Handhelds definiert?	Die Account-Strukturen sollten zentral vorgegeben werden
	E-Mails sollten ebenfalls restriktiv gehandhabt werden
Gibt es Direktiven für die lokale Datenspeicherung?	Organisatorische Maßnahmen zur Datenverschlüsselung müssen durch die IT-Verantwortlichen als technischen Verfahren ausgewählt und bereitgestellt werden
	Die Datenspeicherungsphilosophie sollte nicht den Usern überlassen werden
Gibt es Maßnahmen zum Speicherschutz?	Angriffsziele sind unter anderem das Ausspionieren und die Manipulation von Daten inklusive Löschen
Werden die Daten verschlüsselt?	Verschlüsselung von Daten und Speichermedien ist ein grundlegender Bestandteil der Sicherheitsstrategie
Gibt es abgestimmte Verfahren der Datensicherung?	Die IT-Sicherheit muss Vorgaben machen, mit welchen Verfahren bestimmte Daten, die sich auf dem Endgerät befinden, vom Benutzer selbst zu sichern sind
	Die Datensicherung sollte zentral gesteuert werden
Wird auf den Handhelds unternehmensspezifische Anwendungssoftware ausgeführt?	Es hat eine strategische Grundsatzentscheidung zu erfolgen, für welche Anwendungen ein Einsatz von Handhelds überhaupt in Frage kommt
Existiert ein Freigabeverfahren für Anwendungen auf Endgeräten?	Nur für den Unternehmensgebrauch benötigte und entsprechend zertifizierte Software darf auf PDAs zum Einsatz kommen
	Das Freigabeverfahren hat in Abstimmung mit der IT-Sicherheit zu erfolgen
Ist die private Nutzung von Unternehmen-Handhelds zugelassen?	Die private Nutzung von Unternehmen-Handhelds sollte möglichst ausgeschlossen werden
	Private Nutzung liegt außerhalb des kontrollierbaren Funktionsbereichs
Werden private Endgeräte zur WLAN-Nutzung zugelassen?	Private Endgeräte sollten nur in Ausnahmefällen zugelassen werden
Sind Kontrollmechanismen im Einsatz bzgl. der Nutzung privater Endgeräte im Unternehmen?	Die Nutzung privater Endgeräte im Unternehmens-WLAN sollte vorgeschriebenen Kontrollmechanismen unterliegen
	In Ausnahmefällen können private Geräte unter Auflagen zum Einsatz kommen
Gibt es abgestimmte Auswahlkriterien für die Beschaffung dieser Endgeräte?	Anhand eines Kriterienkatalogs kann der Markt sondiert werden. Besondere Aufmerksamkeit haben dabei die Sicherheitsaspekte
Ist eine Authentifizierungsschnittstelle vorhanden?	Das Vorhandensein einer Authentifizierungsschnittstelle ist ein wesentliches Beschaffungskriterium
	Ohne Authentifizierungsmechanismen darf kein WLAN betrieben werden
Sind die Endgeräte auf Ausfallsicherheit geprüft?	Ausfallsicherheit ist ein Beschaffungskriterium
	Bei niedriger Ausfallsicherheit wird der Arbeitsprozess gefährdet
Ist die Update-Strategie des Herstellers bekannt?	Es sollten die aktuellsten sicherheitsrelevanten Releases zum Einsatz kommen
Sind PDAs im Einsatz oder geplant?	PDAs sind eine echte Option für die mobile Nutzung von zentralen Anwendungen in Unternehmen geworden

Tab. 6.5 (Fortsetzung)

Wird unterschieden zwischen PDA-typischen und Unternehmensfunktionen?	Man unterscheidet zwischen lokalen und Netzwerkfunktionen sowie zwischen PDA-typischen und Unternehmensfunktionen
Sind die PDA-Adapter mit WEP-Technologie abgesichert?	Die Möglichkeiten im WPA-Verfahren haben Eingang in IEEE 802.11n gefunden und sind heute Stand der Technik. Wenn im Einsatz, sollte sie für alle Netzkomponenten möglich sein *WEP-Technologie gilt als unsicher, sollte aber dennoch eingesetzt werden, wenn keine anderen Möglichkeiten existieren*
Sind BlackBerries bei Ihnen im Einsatz oder geplant?	Bei den BlackBerries handelt es sich eigentlich nur um eine besondere Ausführung von PDAs, die zunächst von Research in Motion (RIM) angeboten wurden
Werden die RIM-spezifischen Funktionalitäten genutzt?	Neben funktionalen und ergonomischen bietet ein BlackBerry gegenüber dem gängigen PDA noch weitere Vorteile
Gibt es eine wohldefinierte BlackBerry-Serverarchitektur?	BlackBerries sind geeignet, in Unternehmen und anderen Organisationen in einer entsprechenden Serverarchitektur zu operieren
Wird der Mobile Data Service genutzt zum Zugriff auf firmeninterne Datenbanken?	Sein integrierter MDS (Mobil Data Service) ermöglicht einen einfachen Zugang zu firmeninternen Datenbanken
Ist ein BlackBerry Enterprise Server im Einsatz für Verschlüsselungen?	Die BlackBerry Lösung basiert auf der Symmetric Key Cryptography. Nur der BlackBerry Enterprise Server und das Gerät selbst kennen den Master Key *Die mit dem BlackBerry angebotenen Sicherheitsfeatures sollten möglichst genutzt werden*
Werden die Funktionen des Instant Messaging genutzt?	Das BlackBerry-Endgerät ist befähigt, über den BES und Instant Messaging an anderen unternehmensinternen Kommunikationssystemen teilzunehmen
Unterliegen die BlackBerries einem strikten Versionsmanagement?	Die BlackBerry Management Plattform ermöglicht das Verwalten von Versionen, Upgrades und Gruppenmitgliedschaften
Wird das BlackBerry-Sicherheitskonzept genutzt?	Das BlackBerry-Sicherheitskonzept bringt fortgeschrittene Sicherheitsansätze mit vorhandener Netzwerktechnologie in Einklang *Die mit dem BlackBerry angebotenen Sicherheitsfeatures sollten möglichst genutzt werden*
Wird der Datenverkehr zwischen dem BlackBerry Enterprise Server und den Endgeräten verschlüsselt?	Das BlackBerry-Gerät verschickt einen oder mehrere nach dem Zufallsverfahren generierte Nachrichtenschlüssel, um Entschlüsselung durch Dritte zu verhindern *Daten sollten niemals unverschlüsselt versendet werden*
Wird der Datenverkehr zwischen dem Nachrichtenserver und dem E-Mail-System verschlüsselt?	Die Verschlüsselung des Datenverkehrs erfolgt zwischen dem Nachrichtenserver und dem E-Mail-System eines Nutzers *Daten sollten niemals unverschlüsselt versendet werden*
Werden die Daten auf dem BlackBerry verschlüsselt?	Verschlüsselung von Daten kann auf dem Endgerät selbst erfolgen *Auch gespeicherte Daten sollten möglichst verschlüsselt werden*

Tab. 6.5 (Fortsetzung)

Erfolgt eine lokale Nutzeridentifizierung durch Smart Card mit Password und/oder Passphrase?	BlackBerries ermöglichen eine lokale Nutzerauthentifizierung am Gerät durch eine Smart Card mit Password oder Passphrase
Kann die Smart Card entkoppelt werden?	Blackberries ermöglichen eine Entkoppelung der Smart Card vom Gerät *Die Entkoppelung stellt einen weiteren Sicherheitsvorteil dar*
Sind die Anwendungen durch ein Passwort geschützt?	Individuelle Anwendungen können durch Passwörter geschützt werden *Der Schutz von Anwendungen durch Passwörter ist eine Selbstverständlichkeit*
Gibt es Sicherheitsmaßnahmen für den Fall des Diebstahls?	Es gibt eine Anzahl von Maßnahmen, die geeignet sind, bei Diebstahl gewisse Sicherheitsmechanismen wirken zu lassen *Gerade bei Handhelds ist der Diebstahl die höchste Gefährdung*
Erfolgt eine Auswertung des Loggings, um Zugriffe zu kontrollieren?	Die BlackBerry Management Plattform ermöglicht User Logging, Authentifizierung und Analyse
Sind die Downloads eingeschränkt?	Einschränkung von Download-Möglichkeiten sollte organisatorisch und technisch erreicht werden *Das gilt z. B. auch für Klingeltöne*
Besteht die Möglichkeit, Geräte zu sperren?	Die Geräte verfügen über Locking-Möglichkeiten *Fast alle gängigen Geräte haben solche Möglichkeiten standardmäßig integriert*
Besteht die Möglichkeit des Remote Disabling?	Remote Disabling und Löschen von bestimmten Daten sollte erfolgen, sobald ein Zugriff von einem gestohlenen Gerät aus erfolgt *Remote Disabling muss bei Diebstahl sofort vorgenommen werden*
Besteht die Möglichkeit, remote Daten zu löschen?	Das remote Löschen verhindert unautorisierten Zugriff auf Anwendungsdaten *Bei Diebstahl sollten remote sämtliche Daten gelöscht werden*
Können die Masterkeys remote gelöscht werden?	Werden die Masterkeys remote gelöscht, wird eine nicht gewünschte Authentisierung verhindert *Masterkeys sind das Einfallstor für Angriffe jeder Art*
Wird die Management-Plattform für BlackBerries genutzt?	Um Kosten zu senken und die Sicherheit zu erhöhen, werden Management Plattformen angeboten für größere BlackBerry-Anwendungen
Werden Drucker über das WLAN betrieben?	Drucker können drahtlos vermittels verschiedener Protokolle und Technologien über ein WLAN angeschlossen und angesteuert werden
Wird für WLAN-Drucker die WPA-Technologie eingesetzt?	Die Möglichkeiten im WPA-Verfahren haben Eingang in IEEE 802.11n gefunden und sind heute Stand der Technik *Auch bei Druckern sollte die jeweils fortschrittlichste Sicherheitstechnologie eingesetzt werden*
Werden für Drucker MAC-Adressen verwendet?	Die MAC-Adresse ist erforderlich für Einträge in die Access Control List

Tab. 6.5 (Fortsetzung)

Gibt es einen Passwort-Schutz für Drucker?	Auch für Drucker besteht die Möglichkeit eines Passwortschutzes *Passwortschutz verhindert unautorisierten Zugriff*
Ist der Standard IEEE 802.11b im Einsatz?	Beim 802.11b handelt es sich um den ältesten Standard. Er ist stabil und wird weitverbreitet unterstützt und genutzt
Ist der Standard IEEE 802.11g im Einsatz?	802.11g ist eine Erweiterung von 802.11b und arbeitet deshalb auch innerhalb des 2,4 GHz-Frequenzbandes
Werden die Standardsicherheitseinstellung der Access Points gewechselt?	Zuallererst sind die Standardeinstellungen des Herstellers durch die eigenen Sicherheitseinstellungen zu ersetzen *Standardeinstellungen sind öffentlich bekannt*
Werden Power Management Features genutzt?	Power Management kann Einfluss auf die Reichweite haben
Sind Schutzmaßnahmen gegen Abhören getroffen?	Nur ein Zusammenspiel von organisatorischen und technischen Maßnahmen kann das Gesamtrisiko minimieren *Durch Abhören lassen sich nach einer gewissen Zeit Passwörter und Daten entschlüsseln*
Werden Authentifizierungsverfahren eingesetzt?	Ein Authentisierungsverfahren ist die Grundvoraussetzung für WLAN-Sicherheit *Ohne Authentifizierungsverfahren sollte kein WLAN betrieben werden*
Werden Identifizierung und Authentifizierung überwacht?	Durch entsprechendes Logging und Konservierung der Logdateien über einen längeren Zeitraum, lassen sich später Transaktionen nachvollziehen – auch fehlgeschlagene Versuche von Eindringlingen *Über das Logging lassen sich Angriffsversuche entdecken*
Gibt es technische Maßnahmen gegen Störungen von außen?	Störungen können auch physikalischen Ursprungs sein, z. B. durch Geräte, die Strahlungen emittieren *Durch geeignete Aufstellung lassen sich technische Störungen vermeiden*
Werden die Endgeräte inventarisiert?	Der IT-Sicherheitsbeauftragte zusammen mit dem IT-Management ist verantwortlich für die Dokumentation der vorhandenen Infrastruktur
Wird die Infrastruktur regelmäßig überprüft?	Dazu gehört neben der körperlichen Inspektion auch die Überprüfung der entsprechenden Kommunikationsprotokolle und -logdateien *Für die Überprüfung der Aufzeichnungen sollte ein fester Rhythmus eingeführt werden*
Gibt es eine Passwort-Wechselstrategie?	Die Wechselstrategie beinhaltet die Wechselfrequenz und das Passwortformat *Die Wechselstrategie sollte nicht den Usern überlassen werden*
Gibt es einen festgelegten Passwort-Wechselzyklus?	Für den Schlüsselwechsel sollte ein zeitlicher Plan vorliegen. Der Wechsel sollte im Monatsrhythmus, allerhöchstens im Vierteljahresrhythmus erfolgen *Die Passwörter sollten mit einem Verfallsdatum versehen werden*
Sind komplexe Passwortstrukturen vorgegeben?	Die Sicherheit von Passphrasen hängt von ihrer Länge und Zeichenkombination ab *Einfach Passwörter sind von Angreifern leicht zu ermitteln*

Tab. 6.5 (Fortsetzung)

Existiert ein Berechtigungskonzept?	Das Berechtigungskonzept für PDAs sollte über das bereits existierende Konzept für Anwendungen hinausgehen *Die Sicherheitsdokumentation sollte ein schlüssiges Berechtigungskonzept enthalten*
Ist eine Kalendersynchronisation durch sichere Protokolle geschützt?	Neben dem Nutzen von Anwendungen oder der Abfrage von Geschäftsemails gehört die Synchronisation mit den Kalenderfunktionen zu den attraktiven Features von PDAs *Bei der Synchronisation muss ausgeschlossen sein, dass z. B. Viren mit heruntergeladen werden*
Sind Plug-ins erlaubt?	Ein Herunterladen von Plug-ins, die z. B. den Bedienungskomfort von gängigen Betriebssystemprogrammen erleichtern oder Customizing darf nicht zugelassen und sollte möglichst auf technischem Wege verhindert werden *Plug-ins verändern den Charakter zugelassener Anwendungen*
Ist Network Control Software im Einsatz?	Diese Programme ermöglichen es, jederzeit Auskunft über den Benutzerstatus des Netzwerks zu geben: Anzahl User, Anzahl Prozesse, Traffic etc.
Gibt es Alarmmechanismen bei Sicherheitsvorfällen?	In den Organisationen sollte ein eigener Alarmierungsprozess aufgesetzt werden *Ohne Alarmierungsprozess ist ein zügiges Eingreifen nicht sicherzustellen*
Werden Synchronisationsprogramme und Kommunikationsprotokolle regelmäßig aktualisiert?	Diese Software-Komponenten sind auf dem aktuellsten Stand zu halten, damit einerseits fortgesetzte Kompatibilität gewährleistet ist, und andererseits der Support durch die Lieferanten gewährleistet bleibt
Gibt es eine Verpflichtung zur körperlichen Beaufsichtigung von Endgeräten?	Beschäftigte, die ein Handheld mit Nutzungsgenehmigung erhalten, sind verantwortlich für die Sicherheit dieser Geräte
Gibt es eine Richtlinie zur Datensicherung?	Eine solche Richtlinie ist die Grundlage für Kostenkontrolle, organisatorische Sicherheit und Verhinderung von Diebstahl von PDA-Geräten *Die Datensicherungsrichtlinie ist Teil der gesamten Sicherheitsdokumentation*
Werden die Endgeräte zur Nutzung außerhalb des Unternehmens restriktiv verteilt?	Das Unternehmen stellt Handhelds für eine begrenzte Anzahl von Nutzern zur Verfügung. Zum Erhalt einer generellen Nutzungsberechtigung muss ein entsprechender Antrag gestellt werden *Die private Nutzung sollte aus Sicherheits- und Kostengründen eingeschränkt werden*
Gibt es eine gesonderte PDA-Direktive?	Diese Richtlinie betrifft Verantwortliche auf allen Leitungsebenen, alle Mitarbeiter, die mit PDAs umgehen, Mitarbeiter von Subunternehmen, Teilzeitbeschäftigte, Auszubildende und sonstige Beschäftigte *Bei PDAs im Einsatz ist eine solche Direktive unerlässlich*
Werden die Mitarbeiter zur Kenntnisnahme der PDA-Direktive verpflichtet?	Diese Richtlinie sollte Teil der umfassenden Sicherheitsbelehrung von Mitarbeitern sein. Im Anschluss kann dann eine entsprechende Vereinbarung unterzeichnet werden *Jeder PDA-User sollte belehrt werden und die Belehrung bestätigen*

Kapitel 7
Mobilfunkgeräte

7.1 Einordnung

Die bisherigen Betrachtungen der WLAN-Sicherheit haben zunächst die klassischen Endgeräte mit der entsprechenden Architektur einbezogen (laptops, PCs, Drucker). Zusätzliche Aspekte kamen bei der Betrachtung von PDAs hinzu. Dabei traten neue Gefährdungspotentiale und entsprechende Sicherheitsstrategien in Erscheinung. PDAs und BlackBerries sind natürlich auch Mobiltelefone. Dieser letztere Aspekte wurde bisher außen vor gelassen. In den folgenden Abschnitten wollen wir uns den Sicherheitsaspekten im Zusammenhang mit der Nutzung von Mobilfunkgeräten im weitesten Sinne befassen.

Obwohl PDAs eine Unterklasse von Mobilfunkgeräten darstellen, sind die Gefährdungspotentiale bisher lediglich unter dem Gesichtspunkt der reinen WLAN-Nutzung behandelt worden. Es ist nicht vorgesehen, allen Gefährdungsaspekten der mobilen Kommunikation als solcher nachzugehen. Interessant für unsere Betrachtungen ist allerdings die Tatsache, dass Mobiltelefone über die Kommunikation und über bestimmte Dienste in jedem Falle Einfallstore zu zentralen Anwendungen sein können. Im Falle der Nutzung eines Mobiltelefons für Telefonie und gleichzeitiger Anwendung von WLAN-Fuktionalitäten ergeben sich für die WLAN-Seite allerdings zusätzliche Gesichtspunkte, die im Folgenden weiter vertieft werden sollen, obwohl die Technologie dafür noch in den Anfängen steckt. Wir kommen also nicht darum herum, den Gesamtaspekt der mobilen Telefonie zu betrachten.

Dabei wird zunächst auf die Architektur von Mobiltelefonen eingegangen. Auf diesen Grundlagen aufbauend werden kurz die zur Zeit gängigen Betriebssysteme vorgestellt. Diese Betriebssysteme erlauben die Nutzung verschiedener Dienste, die für unsere Thematik von Belang sind. Daraus ergeben sich dann dezidierte Bedrohungsszenarien und entsprechende Gegenmaßnahmen zum Schutz der betroffenen Einrichtungen.

Wie bereits in den vorausgegangenen Betrachtungen über PDAs soll auch hier der Sonderfall BlackBerries abgehandelt werden. Hinzu kommen als weitere Spezialfälle Smart Phones und neuerdings das iPhone. Zum Schluss wird eine auf Mobiltelefone erweiterte Richtlinie für Mobilfunkgeräte vorgestellt.

W. W. Osterhage, *sicher & mobil*,
DOI 10.1007/978-3-642-03083-3_7, © Springer-Verlag Berlin Heidelberg 2010

7.2 Grundlagen

Zu unterscheiden sind zunächst:

* Die externe Kommunikationsstruktur und die
* Interne Gerätearchitektur.

In ihrem Zusammenspiel ergeben sich ganz spezifische Aspekte, die für das Sicherheitsmanagement von Bedeutung sind. Allerdings stellt die Existenz eines Mobiltelefons an sich schon ein eigenes Gefährdungspotential dar. Um das verstehen zu können, werden die Grundsätze der Kommunikation und der Gerätearchitektur und ihrer Funktionsweise nacheinander betrachtet.

7.2.1 Kommunikationsstruktur

Die allgemeine Struktur eines Mobilfunknetzes ist aus Abb. 7.1 ersichtlich.
Dabei handelt es sich um ein zellulares Netz in hierarchischer Gliederung. Die Hauptkomponenten sind:

* Das Telefon selbst
* Basisstation
* Kontrollstation
* Sendestationen und
* Vermittlungsknoten.

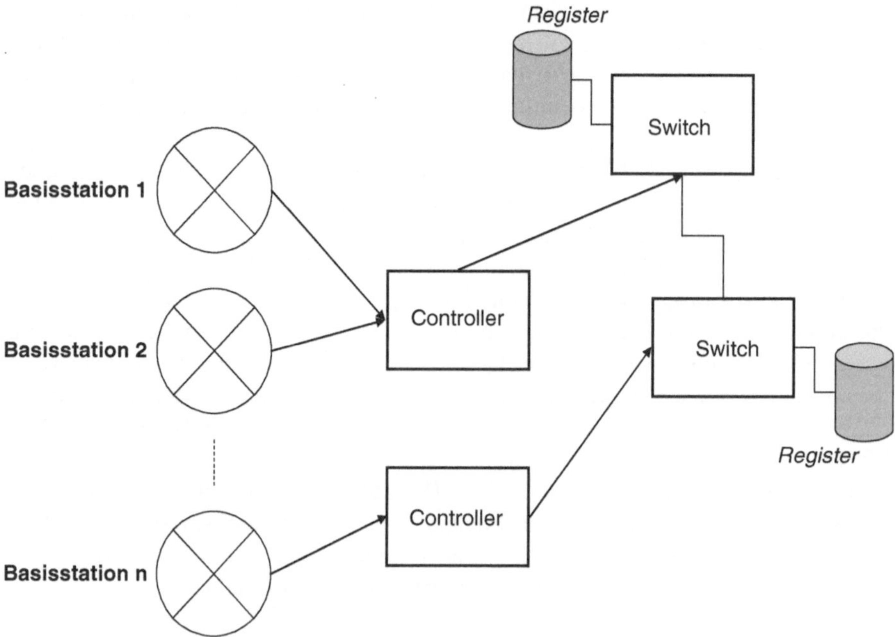

Abb. 7.1 Struktur eines Mobilfunknetzes

Netzbetreiber und Enduser sind über die Basisstation verbunden. Basisstationen können mehrere Zellen bedienen. Sie selbst werden von den Kontrollstationen verwaltet. Das Routing und die Dienstvermittlung übernehmen die Vermittlungsknoten. Als weitere Voraussetzungen dienen eine Anzahl von Registern, in denen u. a. Teilnehmerdaten verwaltet werden. Darauf soll an anderer Stelle weiter unten eingegangen werden.

Wesentlich ist die Feststellung, dass es normalerweise – anders als z. B. im WLAN bei bestimmten Endgeräten – keine end-to-end-Verbindungen zwischen den Mobilfunkgeräten selbst gibt, sondern dass jede Kommunikation über das Netz geroutet werden muss.

Die Nutzung eines Mobiltelefons für WLAN-Kommunikation ist in Abb. 7.2 dargestellt:

Dabei ist ersichtlich, dass es sich um separate Protokolle handelt. Bei den zur Zeit auf dem Markt befindlichen Lösungen ist eine Route über das Mobilfunknetz nicht notwendig. Das Mobiltelefon, welches für solche Kommunikation ertüchtigt ist, kann direkt über z. B. einem Access Point mit einem WLAN in Verbindung treten.

7.2.2 Gerätearchitektur

Mobile Telefone besitzen heute ähnliche Fähigkeiten wie ein PC. Sie sind also über ihre ursprüngliche Funktionalität der Sprachkommunikation hinaus mit weitaus mehr Anwendungen ausgestattet. Diese Leistungsfähigkeit hat natürlich auch ihren Preis bezogen auf Sicherheitsaspekte, da sie den Benutzern erhebliche Freiheitsgrade zumutet. Dem haben alle Hersteller dadurch Rechnung getragen, dass sie von der Grundausstattung her das Gerät in einen funktionalen und in einen Sicherheitsteil ausgestaltet haben. Der funktionale Teil wiederum gliedert sich in:

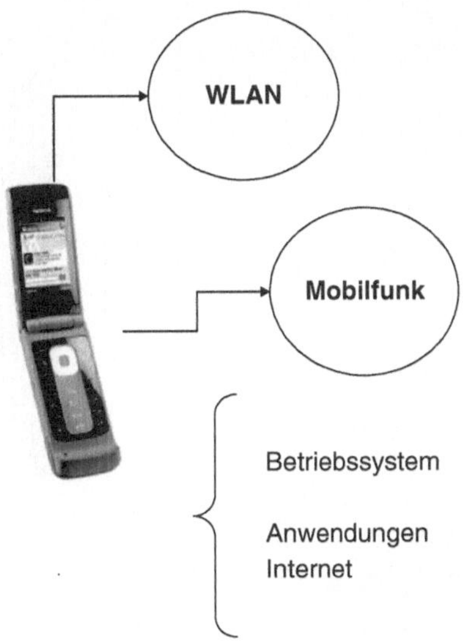

Abb. 7.2 Mobilfunkgerät im WLAN

- Den Kommunikationspart und
- die lokalen Anwendungen.

Der Sicherheitsteil konzentriert sich lokal im Wesentlichen um die sogenannte SIM-Karte (Subscriber Identity Module). Auf dieser Karte sind gespeichert:

- Die Kundennummer des Besitzers
- Die IMSI (International Mobile Subscriber Identity)
- Die Rufnummer und
- Authentisierungsdaten.

Die physische Trennung von SIM und Gerät ermöglicht die Nutzung unterschiedlicher Geräte durch ein und denselben Enduser dadurch, dass er seine SIM-Karte mitnimmt. Die logische Bindung des Nutzers besteht also zu seiner SIM-Karte und nicht zu seinem Gerät.

Abbildung 7.3 zeigt die typische Architektur eines Mobilfunkgerätes mit den diversen Schnittstellen.

Man unterscheidet vier Klassen von Schnittstellen – für:

- Benutzer
- Kommunikation
- Speicher
- Geräte.

Jede Klasse für sich bietet Angriffsflächen und ist somit sicherheitstechnisch relevant. Die diversen Gefährdungsszenarien für diese Schnittstellen werden weiter unten abgehandelt.

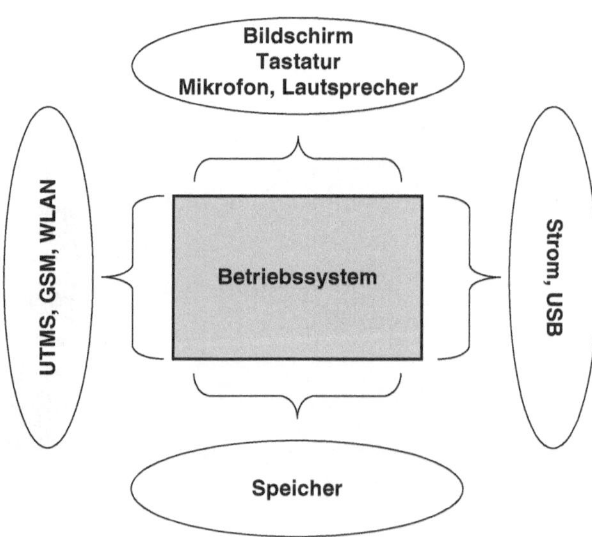

Abb. 7.3 Architektur eines Mobilfunkgerätes

7.3 Betriebssysteme

Die Betriebsysteme von Mobiltelefonen unterstützen unterschiedliche Kommunikationsverfahren und Protokolle. Zusätzlich zu den einfachen Standardfunktionen kann es Zusatzfunktionen wie z. B. Speicherverwaltung und Dateisysteme geben. Integraler Bestandteil aller Betriebssysteme sind kryptografische Verfahren und Zugangskontrollen zur Absicherung des Geräts und der Kommunikation. Im folgenden werden die gängigsten Betriebssysteme vorgestellt:

- GSM
- GPRS und
- UMTS.

7.3.1 GSM

In der Abb. 7.4 wird die Kommunikationslandschaft für GSM schematisch dargestellt.

Das gesamte Netz ist in Zellen unterteilt. Diese Zellen werden von Basisstationen (BTS) bedient. Sie sind gleichzeitig die Schnittstelle zwischen dem Netzbetreiber und dem Enduser. Darüber hinaus gibt es Kontrollstationen (BSC), die die Ressourcen der BTS verwalten. Gesteuert werden die BTS über Vermittlungsknoten (MSC). Die MSC übernehmen das klassische Routing mit zugehöriger Bearbeitung auch ins Festnetz hinein. Daneben existieren eine Reihe von

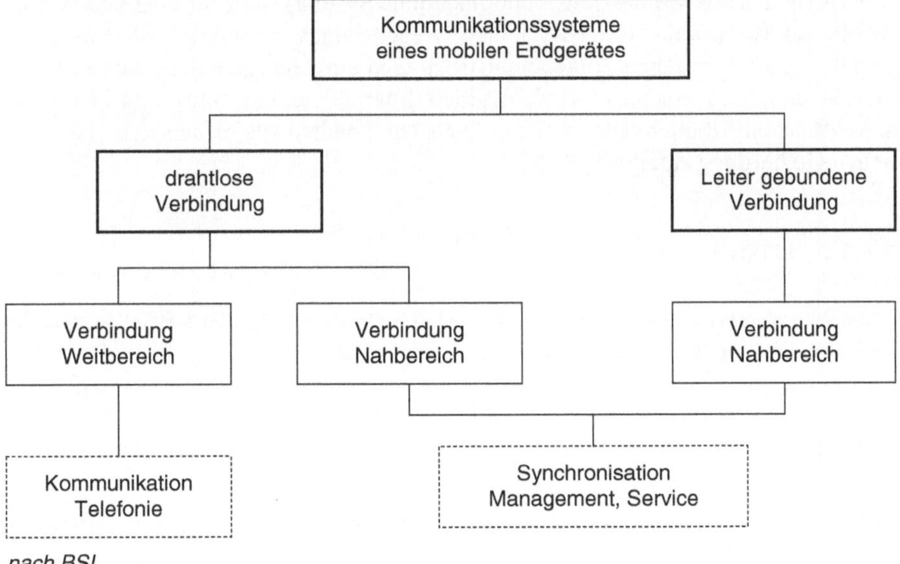

Abb. 7.4 GSM Kommunikationsschema

Registern, die Informationen speichern, ohne die das Routing nicht funktionieren kann:

- HLR/Home Location Register: Informationen über Netzteilnehmer (ID, Dienste usw.)
- VLR/Visitor Location Register: Status des Teilnehmers
- AUC/Authentication Center: Informationen zur Berechtigungsprüfung
- EIR/Equipment Identity Register: Liste aller zugelassenen Endgeräte.

7.3.1.1 HSCSD

HSCSD ist eine Erweiterung von GSM, die es erlaubt, mehrere GSM-Funkkanäle gleichzeitig zu nutzen. Das erlaubt eine höhere Datenübertragungsrate.

7.3.2 GPRS

GPRS kann mehrere Funkkanäle bündeln und eignet sich insbesondere zur Übertragung von Daten z. B. aus dem Internet und für den Versand von E-Mails. Dafür kommen ganz bestimmte Dienste infrage, z. B. i-mode oder WAP (s. u.).

7.3.3 UMTS

UMTS (Universal Mobile Telecommunications System) steht für eine neue Generation von Mobilfunk-Betriebssystemen. Wegen seines optimierten Übertragungsverfahrens können neben Sprache und Text auch aufwendigere Formate mit hoher Geschwindigkeit verschickt werden: Video, Internet etc. Das führt natürlich einerseits zu neuen Möglichkeiten bei den Diensten, andererseits öffnen sich aber auch neuen Gefährdungsquellen.

7.3.3.1 HSDPA

Eine Weiterentwicklung innerhalb von UMTS stellt der Standard HSDPA dar, der insbesondere für WLAN-Anwendungen geeignet ist.

7.4 Dienste

Neben der klassischen Telefonie stehen heute zusätzliche Dienste zur Verfügung, die man nach den Kriterien

- Informationsdienste
- Kommunikationsdienste und
- Datentransferleistungen

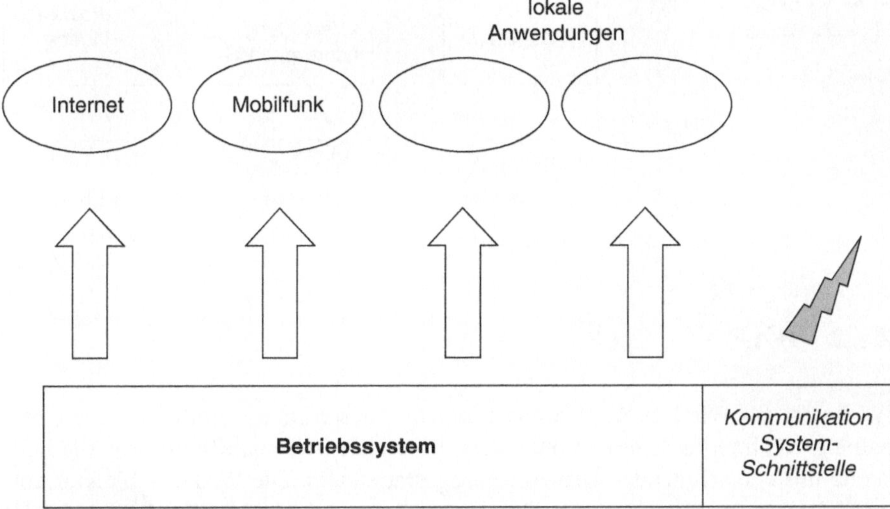

Abb. 7.5 Benutzerdienste

klassifizieren kann. Die Abb. 7.5 zeigt ein Grundsatzschema, wie diese Dienste architektonisch eingebunden sind.

Im Folgenden werden näher betrachtet:

- SMS/EMS/MMS
- WAP und
- i-mode.

7.4.1 SMS/EMS/MMS

Die Abkürzungen stehen für

- Short Message Service (SMS)
- Enhanced Message Service (EMS)
- Multimedia Message service (MMS).

Der Basisdienst ist SMS. Dieser Dienst erlaubt den Versand von reinen Textnachrichten. Aus diesem Dienst haben sich später EMS und MMS weiterentwickelt. Abbildung 7.6 zeigt diese Entwicklung. EMS ermöglicht Nachrichten, die über die Textzeichenbegrenzung von SMS (160) hinausgehen, sowie einfache Grafiken. MMS erschließt nunmehr die Möglichkeiten, Fotos und kurze Videos per Mobilfunk zu verschicken.

Allen gemeinsam ist, dass die Nachrichten nicht direkt an den Empfänger gehen. Er erhält statt dessen einen Hinweis, dass für ihn eine solche Nachricht bereitsteht. Erst wenn der Empfänger den Abruf selber tätigt, wird ihm die Nachricht, die auf dem Server des Providers zwischengespeichert ist, zugestellt.

Abb. 7.6 Entwicklung der
Message Services

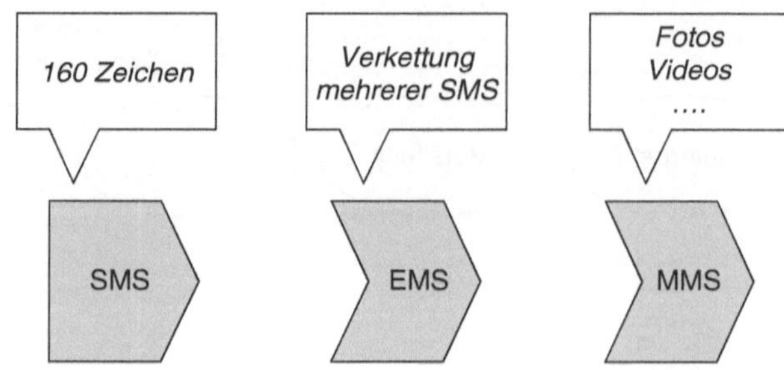

7.4.2   WAP

WAP steht für Wireless Application Protocol. Dieser Dienst ermöglicht die Übertragung von Internet-Informationen. Um diesen Dienst zu nutzen, müssen die Endgeräte mit entsprechenden Browsern ausgestattet sein. Die WAP-Architektur entspricht derjenigen von anderen Datennetzen, wie sie auch im Rahmen normaler
Client-Server-Konstellationen zu finden sind.

7.4.3   i-mode

i-mode ist ein weiterer Internetzugang per Mobilfunk und damit direkter Konkurrent zu WAP. Um die volle Funktionsfähigkeit nutzen zu können, müssen die Endgeräte entsprechend ausgestattet sein.

7.5   Mobilfunk und WLAN

Wie oben beschrieben, kommunizieren Mobiltelefone über die genannten Protokolle
und werden darüber auch abgerechnet. Die Zukunft weist möglicherweise in eine andere Richtung. Dabei handelt es sich um den Einsatz von Mobiltelefonen unter Zuhilfenahme von WLANs. Das bedeutet beispielsweise Zugang von Mobiltelefonen über
Access Points oder Hotspots. Und es bedeutet natürlich auch neue Sicherheitsrisiken.

   Diese Dienste werden momentan unter FMC (Fixed Mobile Covergence) bzw.
UMA (Unlicensed Mobil Access) geführt. Um solche Dienste flächendeckend einführen zu können, ist eine Reihe von technischen Voraussetzungen zu schaffen.
Diese betreffen einerseits das Endgerät und andererseits die Infrastruktur.

7.5.1   Infrastruktur

Im Wesentlichen geht es dabei um

*   Konvergenz von Sprachnetz und WLAN
*   Integration der relevanten Netze in den Organisationen

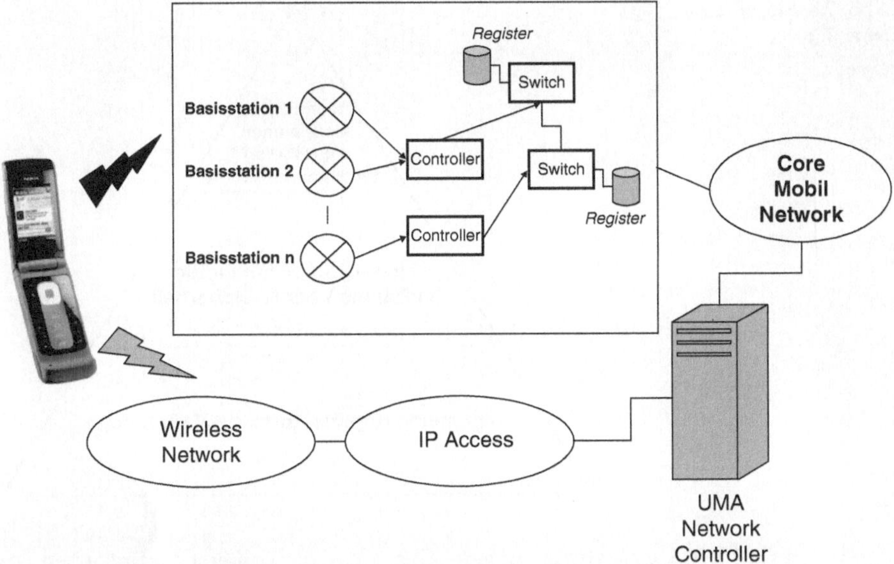

Abb. 7.7 UMA-Architektur

- Einführung und Angebot entsprechender Dienste durch Mobilfunkanbieter
- Einbindung der Backoffice-Systeme
- Vollintegrierte Medienarchitektur mit allen Mehrwertdiensten.

Die Abb. 7.7 stellt ein mögliches Szenario der Einbindung von WLAN in UMA dar.

7.5.2 Endgeräte

Mittlerweile sind die Anbieter von Mobilfunkgeräten schon einige Schritte weiter. Nach anfänglichem Zögern bedingt durch Abrechnungsgesichtspunkte sind die ersten WLAN-fähigen Geräte auf dem Markt. Diese sind entsprechend ertüchtigt worden und ermöglichen auch VoIP (s. u.). Sie sind meistens auch mit speziellen Touchscreens oder Tastaturen ausgestattet. Technologischer Nachbesserungsbedarf besteht dahingehend, dass ein hoher Strombedarf besteht, der die Akkus schnell leer laufen lässt.

7.6 Bedrohungen und Schutz

7.6.1 Grundsätzliche Gefährdungspotentiale und strategische Gegenmaßnahmen

Die Sicherheitsrisiken, die durch Mobiltelefone entstehen, gehen weit über die klassischen Risiken bei typischen WLAN-Anwendungen hinaus. Das gilt unabhängig

Abb. 7.8 Sicherheits-
pyramide

davon, ob sie für WLAN-Anwendungen selbst (was zur Zeit erst im Entstehen ist) oder für reine Telefonie verwendet werden. Dabei ist ein Großteil der Gefährdungen gar nicht einmal so sehr abhängig von der Art der Nutzung, sondern liegt in der Natur des Gerätes begründet. Aus all diesen Gründen sind Gegenmaßnahmen erforderlich, die weit darüber hinausgehen, was über die PDA-Gefährdung im reinen WLAN-Umfeld gesagt worden ist. Diese zusätzlichen Gefährdungspotentiale werden im Folgenden zunächst identifiziert. Wie immer, sind erste Maßnahmen auf der strategischen Ebene zu treffen. Dazu sei noch einmal auf die Sicherheitspyramide in Organisationen hingewiesen (s. Abb. 7.8).

Nur das eingespielte Zusammenwirken von organisatorischen und technischen Maßnahmen führt letztendlich zu einer Minimierung von Gefährdungen.

Für Mobiltelefone ist der folgenden übergeordnete Katalog in Tab. 7.1 von Gefährdungen maßgebend:

Neben generellen Maßnahmen für alle gängigen Mobilfunk-Anwendungen gibt es Hersteller spezifische Strategien, die am Beispiel des BlackBerries weiter unten

Tab. 7.1 Gefährdungspotentiale Mobilfunk

Szenarien	Angriffsziele	Angriffsart
Angreifer im Besitz des Gerätes	Anwendungen	Diebstahl
	Hardware	
	Gerätemerkmale	
	Infektion	
Angreifer nicht im Besitz des Gerätes	Dienste	Manipulation
	DoS	
	Betriebssysteme	
	Kommunikation	
	Infrastruktur	

vorgestellt werden. Analog zu den Ausführungen für PDAs gelten für Mobiltelefone:

- Im Gegensatz zu drahtgebundenen können mobile Endgeräte viel häufiger in unsicheren Umgebungen betrieben werden.
- Neben den technischen Möglichkeiten des Ausspionierens gibt es eine Schwachstelle, die in der Natur eines Mobiltelefons begründet liegt: das akustische Abhören.
- Die Authentifizierungsverfahren von Mobiltelefonen sind einfach. Häufig genügt ein vierstelliger Code, um Zugang nicht nur zum Netz unter der eingetragenen Nutzerkennung zu erhalten, sondern auch zu den lokal gespeicherten Daten auf dem Gerät.
- Daneben existieren dann die üblichen Angriffsflächen wie vom WLAN und den klassischen drahtgebundenen Netzen her bekannt.

7.6.1.1 Allgemeine organisatorische Maßnahmen

Zu den organisatorischen Maßnahmen, die insbesondere die Eigenarten des Mobilfunkbereichs betreffen, gehören:

- Regelung der Nutzung von Mobilfunkgeräten durch Richtlinien, so wie bereits für PDAs vorgeschlagen und entsprechend erweitert (s. u.).
- Festlegung sicherheitsrelevanter Beschaffungskriterien im Vorfeld zusätzlich zu den rein funktionalen und kostenmäßigen.
- Durchsetzung der Sicherheitspyramide in der Organisation, sofern noch nicht erfolgt (eine solche oder ähnliche Strategie sollte ohnehin im Bereich klassischer Anwendungen in jeder Organisation existieren).
- Entwickeln eines Berechtigungskonzepts mit Passwort-Strategie auch für Mobiltelefone.
- Verschlüsselungskonzepte für Datenhaltung und für den gesamten Datenverkehr.
- Einführen eines Alarmierungsprozesses bei Diebstahl oder Verlust eines Endgerätes sowie bei Aufdeckung von Versuchen, illegalen Zugang zu gewinnen.

7.6.1.2 Allgemeine technische Maßnahmen

Zu den allgemeinen technischen Maßnahmen gehören:

- Kontrolle der privaten Endgeräte bezüglich ihrer Nutzung für Unternehmensfunktionen – insbesondere im Unternehmens-WLAN
- Freigabeverfahren für Anwendungen auf den Endgeräten
- Verschlüsselungsvorgaben für Kommunikation und Daten
- Verpflichtung zur körperlichen Beaufsichtigung der mobilen Endgeräte
- Richtlinien zur Datensicherung
- Restriktive Nutzung außerhalb des Unternehmens

- Inventarisierung der Geräte
- Entwicklung einer Authentisierungs-Strategie
- Verschlüsselung von Daten und Speichermedien
- Entwicklung eines Berechtigungskonzeptes
- Synchronisierung durch sichere Protokolle
- Einbindung der Geräte in vorhandene Betriebssysteme ohne Plug-ins
- Überwachung von Identifizierung und Authentisierungstransaktionen
- Einsatz von Network Control Software
- Alarmierungsmechanismen
- Regelmäßige Überprüfung der Infrastruktur
- Aktualisierung von Synchronisationsprogrammen, Kommunikationsprotokollen und Betriebssystemen.

7.6.2 Konkrete Gefährdungsszenarien im Mobilfunkbereich

Im Folgenden wird Bezug genommen auf die Potentiale, die weiter oben in der Tabelle vorgestellt wurden. Im Einzelnen werden die beiden Blöcke

- „Angreifer im Besitz eines Endgeräts" und
- „Angreifer nicht im Besitz eines Endgeräts" differenziert.

Angriffe aus beiden Szenarien heraus haben Auswirkungen auf:

- Anwendungen
- Dienste
- Betriebssystem
- Kommunikation
- Infrastruktur
- Hardware
- Gerätemerkmale
- Infektion und DoS.

Die jeweils relevanten Mobilfunk spezifischen Szenarien werden im Folgenden abgearbeitet:

7.6.2.1 Angreifer im Besitz eines Endgerätes

Dies ist das folgenschwerste Szenario. Hier noch einmal eine Zusammenfassung der Gefährdungsszenarien wie für PDAs:

Angriffsziel Anwendungen:

- Ausspionieren von Daten: persönliche Daten, sicherheits- und konfigurationsrelevante Daten, Geschäftsdaten
- Manipulation von Daten inklusive Löschen: durch Verfälschung und Sabotage die Wettbewerbsfähigkeit eines Unternehmens untergraben

- Informationen von Unternehmensprozessen erhalten: über den Workflow, über Datenbankstrukturen, E-mail-Ordner
- Betriebssystemanalyse, Sicherheitseinstellungen: die Kenntnis dieser Informationen ermöglicht das tiefere Eindringen in die Unternehmensdatenwelt.
- Manipulation des Registry: Systemeinstellungen im LAN so ändern, dass eine Benutzung erschwert, wenn nicht gar unmöglich wird
- Einschleusen von Viren etc.

Hinzu kommen hier nun folgende Gesichtspunkte:

Zunächst einmal hat der Angreifer eine Palette von technischen Möglichkeiten, Authentisierungsroutinen zu umgehen. Damit ist er nicht nur „im" Gerät, sondern ihm stehen jetzt weitere Möglichkeiten offen, in interne und externe Anwendungen einzudringen – zumindest besitzt er eine neue Ausgangsbasis, auch in Netzwerkanwendungen der zugehörigen Organisation zu gelangen. Er hat eine erste Hürde überwunden. Mit weiteren technischen Mitteln kann er dann versuchen, seinen illegalen Zugriff durch entsprechende Manipulationen zu kaschieren, sodass den Netzwerkadministratoren bzw. Kommunikationsverantwortlichen seine Verbindung nicht als illegal auffällt. Durch entsprechende Löschvorgänge kann er auch lokale Aufzeichnungen so manipulieren, dass dem Besitzer, sollte diesem das Gerät wieder zugespielt werden, der illegaler Zugriff zunächst nicht auffällt (spätestens bei der Rechnungsstellung mit Einzelverbindungsnachweis wird das Ganze auffallen, wobei es dann allerdings zu spät ist).

Angriffsziel Dienste und Betriebssystem:

- Betriebssystemanalyse, Sicherheitseinstellungen (s. o.)
- Manipulation des Registry (s. o.)
- Einschleusen von Viren etc.

Angriffsziel Infrastruktur:

- Manipulation des Endgerätes: sodass sein Missbrauch zunächst nicht erkannt wird
- Zerstörung des Gerätes
- Kopieren und Einsatz fremder Geräte: Vortäuschen eines legalen Zugriffs.

Weiter spezifische Gefährdungspotentiale für Mobilfunktelefone:
Hardware:

Im primitivsten Falle kann eine einfache Zerstörung/Vernichtung des Gerätes erfolgen. Bei einem einzelnen Gerät böte das kaum strategische Vorteile. Lediglich, um Spuren zu verwischen, käme ein solches Verhalten in Frage. Ansonsten hätte ein Angreifer kaum Gewinn davon. Viel ertragreicher wäre eine zielgerichtete Hardware-Manipulation. Diese könnte sein:

- Vernichtung von lokalen Speicherinformationen
- Manipulation von lokalen Daten (neben Löschen auch Verändern)
- Manipulation von Anwendungen (de-Installieren, Einschleusen von Malware)
- Einrichten einer Hintertür zum späteren Zugriff auf angeschlossene Systeme.

Gerätemerkmale:

Im Grunde handelt es sich beim Ausspionieren bzw. Manipulieren von Gerätemerkmalen um eine Fortsetzung des Hardware-Angriffs. Zusätzliche Gefährdungen entstehen durch:

- Vertauschen des echten gegen ein Dummy-Gerät mit identischen Merkmalen, um später an die Authentisierung zu gelangen. Danach stehen dann alle weiteren bereits beschriebenen Möglichkeiten offen.
- Einbringen von zusätzlichen Speichermedien, um Nutzungen aufzuzeichnen. Hierbei kann sich ein Nutzungsprofil ergeben, welches aus verschiedenen Gründen für den Spion interessant sein kann, aber auch die Kenntnisnahme von zusätzlichen Passwörtern für externe Anwendungen. Damit Gerätemanipulationen Erfolg haben, muss der Täter allerdings zurückkehren und durch einen möglichen weiteren Diebstahl an die Zusatzinformation gelangen bzw. einen Tausch rückgängig machen. Dieses ist eigentlich nur möglich bei systematischen Sicherheitslücken oder völlig sorglosem Umgang.

Infektion:

Hierbei geht es um das Einbringen von Schadsoftware (Malware) in ihrer unterschiedlichen Ausprägung (Viren, Würmer, Trojanische Pferde). Durch den Besitz des Gerätes entfällt der klassische Weg, eine Firewall oder einen Virenscanner innerhalb eines Kommunikationsnetzes überwinden zu müssen. Der Angreifer kann in Ruhe seinen Schädling einpflanzen. Beim nächsten Zugriff über WLAN oder durch Versenden von Nachrichten an E-mail-Accounts gelangt dieser dann ins Netz der Organisation und kann sich dort ausbreiten.

7.6.2.2   Angreifer nicht im Besitz eines Endgerätes

Für den Angreifer ist diese Ausgangslage schwieriger. Ein technisch versierter Angreifer kann aber dennoch Schaden anrichten, indem er sich mit anderen Methoden über ein fremdes Gerät Zugang zu zentralen Anwendungen verschafft. Hier noch einmal eine Zusammenfassung der Gefährdungsszenarien für PDAs:

Angriffsziel Anwendungen:

- Ausspionieren von Daten
- Manipulation von Daten inklusive Löschen
- Informationen von Unternehmensprozessen erhalten
- Betriebssystemanalyse, Sicherheitseinstellungen
- Manipulation des Registry
- Einschleusen von Viren etc.

Angriffsziel Dienste und Betriebssystem:

- Hacking der Authentifizierung: durch Abhörtechniken des Funkverkehrs in den Besitz der Authentifizierungscodes gelangen
- Über Einschleichmethoden in Sessions eindringen; dann:
- Betriebssystemanalyse, Sicherheitseinstellungen

- Manipulation des Registry
- Einschleusen von Viren etc.
- Denial-of-Service: durch massive Belastung des Servers, über welchen eingehende Nachrichten verarbeiten werden, das System wegen Überlast zum Stillstand bringen – eine beliebte Methode, um Internetseiten unverfügbar zu machen.

Und hier zusätzlich die spezifischen Gefährdungspotentiale für Mobiltelefone:
Durch akustisches oder elektronisches Abhören kann ein Angreifer in den Besitz wichtiger notwendiger Informationen gelangen, die ihm zunächst Zugang zum Betriebssystem und den dort gespeicherten Einstellungen verschaffen. Dazu gehören z. B.:

- Authentisierungsparameter
- Zugangscodes zu Anwendungen
- Man-in-the-middle-Angriffe, um sich in Anwendungen einzuklinken, ohne identifiziert zu werden.

Über die Nutzung von Diensten stehen nun weitere Kanäle offen, um Schaden anzurichten.
Angriffsziel Kommunikation:

- Spoofing: alle Methoden, um an Authentifizierungscodes, Netzwerkprotokolle, Systemadressen zu kommen
- Man-in-the-middle-Tarnung: sich unbemerkt zwischen zwei Kommunikationspartner einzuschleusen, um auf diese Weise alle wichtigen Informationen zum Eindringen bzw. Ausspionieren zu erhalten
- Protokoll-Angriffe: Veränderung von Protokollen und Mappings, die Systeme untauglich machen
- Abhorchen, Sniffing.

Angriffsziel Infrastruktur:

- Diebstahl des Endgerätes
- Abhören des Datenverkehrs mit Rückschlüssen auf die Infrastruktur.

Weitere Gefährdungsfelder spezifisch für Mobiltelefone:
DoS:
Ähnlich wie im Internet gibt es auch im Mobilfunkbereich die Möglichkeit, eine Denial-of-Service-Situation zu provozieren, indem durch Fluten des Geräts mit Datenpaketen oder Pufferüberläufen eine kontinuierliche Nutzung des Geräts verhindert wird. Die Kommunikation muss unterbrochen und neu gestartet werden, wobei Datenverluste unvermeidlich sind.
Kommunikation:
Unterschieden wird zwischen passiven und aktiven Aktivitäten. Zu den passiven gehören:

- Abhören
- Sniffing.

Die Möglichkeiten des Abhörens sind oben bereits erwähnt worden. Beim Sniffing unterscheidet man den legalen und vereinbarten Einsatz eines Netzwerk-Sniffers, der zur Analyse eines LANs oder WLANs eingesetzt wird. Für die Sicherheitsdiskussion interessant ist an dieser Stelle natürlich der Missbrauch. Passive Sniffer sind nicht in den Logdateien der angegriffenen Systeme nachweisbar. Abgefangen werden können

- Informationen über Access Points
- Datenverkehr
- Authentifizierungscodes.

Sniffer werden von Wardrivern eingesetzt.

Zu den aktiven Angriffsvarianten sind zu rechnen:

- DoS (s. o.!)
- Man-in-the-Middle (s. o.!)
- Spoofing.

Da mit Mobiltelefonen auch das Internet erreicht werden kann, ist Spoofing auch hier relevant. Unter Spoofing versteht man das Vortäuschen einer falschen Identität, z. B. einer Webseite, von der man glaubt, ihr vertrauen zu können – beispielsweise der Homepage einer Bank. Ein Angreifer versucht nun, über geschicktes Abfragen z. B. Informationen über Kontendaten zu erhalten.

Infrastruktur:

Die wesentliche Möglichkeit, auf die Infrastruktur eines Kommunikationsnetzwerkes Einfluss zu nehmen, ohne im Besitz eines Gerätes zu sein, besteht in der Störung der notwendigen Kommunikationsmöglichkeiten durch eine oder mehrere der oben genannten Maßnahmen. Indem ein Angreifer in den Besitz von Zugangscodes gelangt und sich in eine Session einschleichen kann, stehen ihm alle Möglichkeiten offen, Einfluss auf die Netzwerksicherheit und Verfügbarkeit zu nehmen.

7.6.3 *Generelle Vorsichtsmaßnahmen*

7.6.3.1 Daten

Die erste Regel lautet: nur das speichern, was absolut notwendig ist: viele Daten, die auf mobilen Geräten herumgetragen werden, sind nur von Nutzen im Büro, und dort sind sie häufig auf anderen Medien gespeichert. Je mehr Informationen nach draußen getragen werden, desto größer die Wahrscheinlichkeit, dass Unbefugte davon Kenntnis erhalten oder gar solche Daten zerstören oder manipulieren.

7.6.3.2 Datenverschlüsselung

Wenn es tatsächlich notwendig sein sollte, sensible Daten über öffentliche WLANs oder andere Protokolle zu übermitteln, sollten solche Daten nur verschlüsselt versendet werden. Wenn möglich, sollten auch geschäftliche (und private) E-mail-Abfragen per Mobiltelefon über SSL-Verbindungen getätigt werden (Secure Sockets Layer). Hierbei wird überprüft, ob auf dem Berichtsserver, auf den zugegriffen werden soll, ein Sicherheitszertifikat hinterlegt worden ist.

7.6.3.3   Firewalls

Auch für Mobiltelefone gibt es mittlerweile die Möglichkeit, Firewalls einzurichten. Daneben gibt es weitere Schutzmöglichkeiten über Bluetooth (wird an dieser Stelle nicht weiter behandelt).

7.6.3.4   Verschlüsselung auf dem Gerät

Wenn möglich, sollten auch Daten, die lokal gespeichert sind, verschlüsselt sein.

7.6.3.5   Back-up

Kritische Informationen sollten auf einem separaten Gerät oder Medium gesichert sein. Das wird seit den ersten Tagen der IT gefordert, ist aber immer noch nicht Standardreflex. Da die Diebstahls- oder Verlustwahrscheinlichkeit bei mobilen Geräten ungleich höher ist als in traditionellen Konfigurationen, ist ein solches Verhalten umso dringlicher geworden. Auch nach einem Diebstahl muss normal weiter gearbeitet werden können.

7.6.3.6   Gefährdung durch e-commerce

Durch die Möglichkeiten der Internet-Nutzung oder der Verwendung von i-mode oder WAP sind ganz neue Gefährdungen aufgetaucht. Diese sind analog zu denen, wie sie z. B. beim Internet-Banking auch auftreten können: ein Angreifer kann mit technischen Mitteln Bankdaten ausspähen und später missbrauchen. Ohne Verschlüsselung sollte hier gar nichts laufen.

7.7   Sonderfall BlackBerries

Die Hersteller von BlackBerries konzidieren, dass es über deren gängige Sicherheitstechniken, die schon bei den PDAs aufgeführt wurden, keine besonderen Features zur Sicherheit von SMS- bzw. MMS-Verkehr gibt, die über den üblichen Standard hinaus gehen. SMS und MMS werden auf BlackBerries nicht verschlüsselt. Die Hersteller schlagen allerdings eine Reihe von Maßnahmen vor, die die Sicherheit erhöhen können. Dazu gehören:

- Feste Regeln in Organisationen, die externe Verbindungen mit BlackBerries zulassen. Das ist eine typische Richtlinienaufgabe, wie sie für alle anderen Handhelds auch gelten.
- „Confirm on send": Aufforderung an den Nutzer, eine Bestätigung zu tätigen, bevor eine Nachricht abgeschickt wird, dass er diese Nachricht tatsächlich verschicken möchte.
- Neutralisieren der Weiterleitungsfunktion (verhindert die Verbreitung von Malware).
- Neutralisieren der Möglichkeit, unverschlüsselte Nachrichten zwischen Nutzern unter sich hin und her zu schicken, ohne über einen sicheren Server gehen zu müssen.

Es gibt weiterhin die Möglichkeit, nicht abgesicherte Nachrichten, die von BlackBerries verschickt werden, dadurch zu eliminieren, dass letztere nur über die entsprechende BlackBerrie Serverlandschaft laufen. Dann besteht die Möglichkeit folgender Einstellungen:

- PIN messaging off
- SMS messaging off
- MMS messaging off.

Das nimmt möglicherweise den Anwendern etwas Spaß an dem Spiel, schließt aber wesentliche Gefährdungsquellen aus.

Eine zusätzliche Möglichkeit bietet der Einsatz von S/MIME Technologie für E-mails. Da diese generell für alle Kommunikationsarten auch nicht-mobiler Geräte relevant sein kann, wird an dieser Stelle das Thema nicht weiter vertieft. S/MIME-Pakete werden vom BlackBerrie-Hersteller angeboten und können separat erworben werden. S/MIME unterstützt u. a.:

- Zertifikatsprüfung
- Schlüsselsynchronisierung
- Verschlüsselung
- Unterstützung von Smart Cards.

7.8   Smart Phones

Smart Phones sind Weiterentwicklungen von normalen Mobiltelefonen (s. Abb. 7.9), die zu einer Integration von umfassenden Mobilfunkdiensten und PDA-Funktionalitäten geführt haben.

Hier finden sich also mindestens die folgenden Dienste und Funktionalitäten:

- GSM
- UTMS
- GPRS
- HSCSD
- WLAN

Abb. 7.9 Smart Phone

als Protokolle, sowie

- SMS, MMS
- E-Mails
- Internetzugang

für die Kommunikation. Daneben finden sich weitere Anwendungen, wie z. B.:

- GPS
- Office-Pakete
- MP3-Player
- Digitalkameras etc.

Eine Besonderheit ist das iPhone der Fa. Apple. Die Aussagen bzgl. der Sicherheitsprobleme für iPhones sind auch für andere Smart Phones gültig.

7.8.1 *iPhone*

iPhone ist ein Produkt der Fa. Apple (s. Abb. 7.10). Neben seinen klassische Funktionalitäten als Telefon besteht seine Hauptattraktivität in der Unterstützung media-

Abb. 7.10 iPhone

ler Dienste als quasi erweiterter iPod für Videos und Musik. Sein Betriebssystem ist eine Anpassung von MAC OS X. Zu den Hauptanwendungen gehören:

- Webbrowser
- E-Mail-Programm
- Kalender
- Kartendienst
- Notizen
- YouTube Player
- Taschenrechner
- Wetterdienst
- Aktiendienst.

iPhones besitzen eine hohe Datenspeicherkapazität und gleichzeitig die Möglichkeit, sich über WLAN mit zentralen Anwendungen zu verbinden. In dieser Kombination und im Zusammenhang mit der Tatsache, dass iPhone-Nutzer tendenziell eine große Neigung zum Herunterladen aller möglichen Angebote haben, liegt ein außergewöhnlich hohes Sicherheitsrisiko. Außerdem wurden schon kurz nach der Markteinführung Sicherheitslücken erkannt, die es Angreifern ermöglichen, kritische Passwörter, die zu Root-Rechten führen, auf einfache Weise zu knacken. Auch über Internet besteht theoretisch die Möglichkeit, sich in zentrale Anwendungen einzuloggen.

iPhones sind aus den genannten Gründen nicht geeignet als drahtlose Endgeräte für zentrale Anwendungen, da:

- Sie Angreifern erleichterten Zugang zu vertraulichen Daten ermöglichen
- Sie als Transportmittel für Malware dienen können.

Analoges gilt auch für andere Smart Phones.

7.8.2 VoIP

Bei Voice over IP (VoIP) handelt es sich um Telefonie, die über das Internet betrieben wird. Diese Technologie ermöglicht es, klassische Telefon-Infrastruktur zu vermeiden. Diverse Endgeräte können dabei zum Einsatz kommen. Mit der Entwicklung von Smart Phones stehen diese Möglichkeiten auch dem Mobilfunk offen. Dabei nutzen die Smart Phones das WLAN-Protokoll, um über Access Points ins Internet zu gelangen.

7.8.2.1 Zusätzliche Sicherheitsaspekte bei VoIP

Insbesondere zu benennen sind hier:

- Spoofing (s. o.)
- DoS (s. o.)
- SPIT (SPAM over Internet Telephony)
- Vishing (Vorgaukeln falscher Hotlines, um an vertrauliche Daten des Nutzers zu kommen).

7.9 Sicherheitscheck

Die größten Gefährdungen treten erfahrungsgemäß außerhalb der Lokalitäten einer Organisation auf, nämlich dann, wenn ein Nutzer unterwegs ist:

- Im öffentlichen Verkehrsmittel
- In Hotels
- Bei Geschäftspartnern.

Durch zeitlichen Druck, Überlastung und reduzierter Konzentration kann es leichter zu Verlust oder Diebstahl von Geräten kommen. Aber auch innerhalb der Gebäude eines Unternehmens gibt es Gefährdungen. Um dem gesamten Gefährdungspotential

Tab. 7.2 Gefährdungsanalyse

Frage/Ausgangslage	Gewichtung
Einige Mitarbeitende arbeiten entfernt von der Zentrale	
Viele Mitarbeitende reisen regelmäßig und benötigen Fernzugriff auf elektronische Kommunikationsmedien	
Viele Mitarbeitende benötigen Mobiltelefone, um ihre Arbeit erledigen zu können	
Viele Mitarbeitende besitzen betriebseigene Mobiltelefone	
Es gibt keine klare Regelung bzgl. der Berechtigungen für firmeneigene Mobiltelefone	
Es gibt keine klare Verantwortlichkeit für die Vergabe von Mobiltelefonen	
Es gibt keine klare Regelung über die Kostenübernahme von Mobiltelefonen	
Entgegen gültigen Richtlinien verbinden sich Nutzer mit zentralen Systemen	
Enduser erzeugen oder rufen vertrauliche Daten ab	
Es herrscht eine wenig restriktive Firmenkultur vor	

zu begegnen, sollte in zeitlichen Abständen eine Gefährdungsanalyse durchgeführt werden. Die dazu erforderlichen Hilfsmittel werden im Folgenden dargestellt:

Die dafür vorgeschlagene Checkliste in Tab. 7.2 sollte von den Verantwortlichen jeder Abteilung/Gruppe in einem Unternehmen ausgefüllt werden. Die Analyse dieser Einträge ergeben ein qualitatives Gesamtbild über die aktuelle Gefährdungslage in einer Organisation.

Unter Gewichtung erfolgen die üblichen Einträge:

- 1 für stimmt überhaupt nicht
- 2 für stimmt so nicht
- 3 für möglicherweise
- 4 für stimmt
- 5 für stimmt auf jeden Fall.

Die Ergebnisse sollten gesammelt und von den Sicherheitsverantwortlichen entsprechend ausgewertet werden. Abteilungen, die eine hohe Trefferquote erzielen, sollten besondere Aufmerksamkeit erfahren. Eventuell müssen Maßnahmen ergriffen werden, die die Gefährdung reduzieren. Um die Nachhaltigkeit sicher zu stellen, sollten dieser Audit regelmäßig durchgeführt werden.

7.10   Richtlinie

Die im Beitrag über PDAs vorgeschlagenen Richtlinie ist sinngemäß auch auf sonstige mobile Telefone anzuwenden.

Richtlinie zur Handhabung von Mobiltelefonen Das Unternehmen stellt Mobiltelefone für eine begrenzte Anzahl von Nutzern zur Verfügung. Zum Erhalt einer generellen Nutzungsberechtigung muss ein entsprechender Antrag gestellt werden (s. Antrag Mobiltelefon). Nach Prüfung erfolgt die Vergabe einer Nutzungsberechtigung.

In besonderen Fällen können Vorgesetzte Mobiltelefone für ihre Mitarbeiter beantragen. Dazu müssen zwingende Geschäftsgründe vorliegen. Der Antrag ist formlos an den Sicherheitsbeauftragten für Kommunikation zu stellen.

Die Leitung des Kommunikationsbereichs ist verantwortlich für die Auswahl kompatibler Mobiltelefone und die Support-Organisation. Entscheidungen über die Nutzerberechtigung fallen nicht in deren Kompetenzbereich, ebenso wenig wie die zur Verfügungsstellung der erforderlichen finanziellen Mittel für die Beschaffung individueller Geräte. Die Anschaffungs- und Unterhaltungskosten für eine Mobiltelefon-Nutzung werden von den Fachabteilungen getragen.

Mobiltelefone, die dem Unternehmen gehören, dürfen nur für unternehmensdienliche Zwecke eingesetzt werden. Eine Nutzung für persönliche Belange ist ausgeschlossen. Entstehen durch persönliche Nutzung Kosten für den Nutzer, sind diese ausschließlich von ihm selbst zu tragen. Entstehen dem Unternehmen Kosten durch persönliche Nutzung, werden diese dem Nutzer in Rechnung gestellt.

Es ist verboten, nicht autorisierte Software of Unternehmens-Mobiltelefonen zu installieren. Ebenso ist untersagt, zusätzliche Software oder Dienste (z. B. Klingeltöne) auf Mobiltelefone herunter zuladen.

Es ist untersagt, nicht autorisierte Mobiltelefone an andere Geräte des Unternehmens, wie Computer, Laptops, Server oder Netzwerke anzudocken, zu verbinden oder mit diesen zu synchronisieren, ohne dass eine vorherige schriftliche Genehmigung dazu vorliegt.

Beschäftigte, die ein Mobiltelefon mit Nutzungsgenehmigung erhalten, sind verantwortlich für die Sicherheit dieser Geräte. Die Geräte sind während einer Geschäftsreise permanent mitzuführen. Gestohlene oder verlorene Mobiltelefone müssen durch den Nutzer ersetzt werden. Die Geräte bleiben im Besitz des Unternehmens.

Auf dem Mobiltelefon dürfen keine sensiblen und vertraulichen Informationen gespeichert werden. Im Falle von Verlust oder Diebstahl ist der Kommunikationssicherheitsbeauftragte sofort zu informieren, damit entsprechende Schritte zur Verhinderung unerlaubter Nutzung eingeleitet werden können.

Zuwiderhandlungen Jede Zuwiderhandlung gegen die Mobiltelefon-Richtlinie muss sofort dem Kommunikationssicherheitsbeauftragten gemeldet werden. Zuwiderhandlungen können zu disziplinarischen Maßnahmen bis hin zur Auflösung des Arbeitsverhältnisses führen. Unbenommen davon sind zusätzliche weitere gerichtliche Schritte.

Bestätigung der Belehrung Diese Richtlinie sollte Teil der umfassenden Sicherheitsbelehrung von Mitarbeitern sein. Im Anschluss kann dann folgende Vereinbarung unterzeichnet werden:

Kenntnisnahme der Mobiltelefon-Richtlinie Bitte, lesen Sie die vorliegende Mobiltelefon-Richtlinie und zeichnen Sie unten auf dem Dokument gegen. Eine Kopie mit Ihrer Unterschrift geht an den Kommunikationssicherheitsbeauftragten.
Ihr Unterschrift bestätigt:

1. Ich habe die Mobiltelefon-Richtlinie erhalten, verstanden und stimme ihr zu.
2. Ich bestätige, dass ich Mobiltelefone, die mir vom Arbeitgeber übergeben werden, ausschließlich für die Zwecke des Unternehmens benutzen werde.
3. Ich bin damit einverstanden, dass ich Kosten, die durch meine eventuelle private Nutzung des Gerätes dem Unternehmen entstehen, zurückerstatten werden.
4. Ich werde keine Mobiltelefone an Computer, Laptops, Server, Systeme oder Netzwerke anschließen, die nicht zur freigegebenen Ausstattung des Unternehmens gehören und mir zu diesen Zwecken anvertraut sind.
5. Ich werde keine vertraulichen und sicherheitsrelevanten Daten auf dem Mobiltelefon speichern.
6. Ich habe verstanden, dass ich verantwortlich bin für Sicherheit und Ersatz des Gerätes bei Verlust. Das Gerät bleibt im Besitz des Unternehmens.
7. Ich habe verstanden, dass Zuwiderhandlungen zur Richtlinie rechtliche Konsequenzen haben können.

Name des Beschäftigten
Unterschrift des Beschäftigten
Abteilung
Datum.

Auch hier gilt: eine Richtlinie (mit oder ohne Unterschrift) hat nur begrenzte Macht, Unheil abzuwenden. Wichtig ist die verantwortliche Grundhaltung aller Beteiligten und eine entsprechende Disziplin.

7.11   Checkliste

Die Tab. 7.3 stellt noch einmal alle kritischen Checkpunkte für den Einsatz von Mobiltelefonen zusammen:

Tab. 7.3 Checkliste Mobiltelefone

Existiert in Ihrem Arbeitsumfeld bereits ein WLAN?	Beim Betrieb eines drahtlosen Netzes sind gegenüber einem drahtgebundenen Netz zusätzliche Sicherheitsanforderungen zu beachten
Möchten Sie ein neues WLAN aufbauen?	WLAN in einer größeren Organisation sollte eingebunden sein in die gesamte IT-Strategie inklusive der IT-Sicherheitsstrategie
Sind die Sicherheitszuständigkeiten in Ihrem Unternehmen geregelt (strategisch, organisatorisch, technisch)?	Die organisatorischen Sicherheitsmaßnahmen lassen sich unterscheiden nach allgemeinen organisatorischen Maßnahmen, technischen Maßnahmen im Rahmen der IT-Sicherheit, technischen Maßnahmen bezüglich der Kommunikation *Ungeregelte Zuständigkeiten im Sicherheitsbereich gefährden einen geregelten Betrieb*
Enthalten die Sicherheitsrichtlinien einen Maßnahmenkatalog für Sicherheitsvorfälle?	Je nach Sicherheitsvorfall greifen unterschiedliche Maßnahmen *Eine Maßnahmenklassifizierung sollte unbedingt erfolgen*
Ist die Nutzung von Mobiltelefonen geregelt?	Neben den bereits vorhandenen Gefährdungspotentialen im WLAN sind zum Teil völlig neuartige durch Mobiltelefone aufgetreten *Ein ungeregelter Betrieb von Mobiltelefonen stellt ein unzulässiges Gefahrenpotential dar*
Gibt es einen generellen Sicherheitscheck für Mobiltelefone?	Um dem gesamten Gefährdungspotential zu begegnen, sollte in zeitlichen Abständen eine Gefährdungsanalyse durchgeführt werden *Ein Sicherheitscheck dokumentiert Verbreitung und Nutzung von mobilen Endgeräten in einer Organisation*
Sind private Mobiltelefone im Einsatz?	Aus Kostengründen oder für freie Mitarbeiter werden gelegentlich private Mobiltelefone zugelassen *Bei gleichzeitiger privater Nutzung versagen Kontrollmachanismen*
Sind Firmen eigene Mobiltelefone im Einsatz?	In der Regel stellen Unternehmen Ihren Mitarbeitern eigene Mobiltelefone zur Verfügung
Werden Mobiltelefone ausschließlich für Sprache eingesetzt?	Sprache ist der normale Einsatzbereich für Mobiltelefone
Werden über Mobiltelefone auch Daten übertragen?	Es gibt unterschiedliche Möglichkeiten des Datentransfers durch Mobiltelefone *Bei der Übertragung von vertraulichen Daten müssen besondere Sicherheitsmaßnahmen greifen*
Werden Mobiltelefone für WLAN eingesetzt?	Besonders ertüchtigte Mobiltelefone erlauben Verbindungen zu WLANs (Standarderweiterung HSDPA)
Werden Mobiltelefone dienstlich auch außerhalb der Organisation genutzt?	In der Regel werden Mobiltelefone außerhalb der Organisation genutzt *Die Nutzung außerhalb der Organisation sollte über Richtlinien geregelt sein*
Sind Fernzugriffe auf zentrale Anwendungen häufig erforderlich?	Mobile Mitarbeiter benötigen Fernzugriffe *Für regelmäßige Fernzugriffe auf Anwendungen sollte ein separates Sicherheitskonzept erstellt werden*

Tab. 7.3 (Fortsetzung)

Arbeiten viele Mitarbeiter außerhalb mit Mobiltelefonen?	In bestimmten Organisationsstrukturen (z. B. Außendienst, Montage) sind alle Mitarbeiter mit mobilen Geräten ausgestattet
	Für regelmäßige Fernzugriffe auf Anwendungen sollte ein separates Sicherheitskonzept erstellt werden
Ist Nutzung von Mobiltelefonen außerhalb der Organisation restriktiv geregelt?	Die Nutzung sollte durch entsprechende Richtlinien geordnet sein
	Die Nutzung von Firmen eigenen Mobiltelefonen sollte nicht den Entscheidungskriterien der User überlassen sein
Ist die Nutzung von Mobiltelefonen in Hotels erlaubt?	Hotels sind „unsichere Bereiche" bzgl. Kommunikationssicherheit
	Wichtig ist der Abhörschutz durch geeignete Verhaltensweisen
Werden Mobiltelefone auch von Lokalitäten der Geschäftspartner aus genutzt?	Lokalitäten von Geschäftspartnern sind „unsichere Bereiche" bzgl. Kommunikationssicherheit
	Wichtig ist der Abhörschutz durch geeignete Verhaltensweisen
Sind Sicherheitsrichtlinien zur WLAN-Nutzung dokumentiert?	Die Sicherheitsrichtlinien sind eigenständiges Teilgebiet der Unternehmens-IT-Sicherheitsstrategie. Sie sollten so auch entsprechend dokumentiert werden
	Ohne ausreichende Dokumentation ist die Sicherheit von WLAN-Anwendungen gefährdet
Sind Regeln zur Verteilung und Berechtigung für Mobiltelefone aufgestellt?	Solche Regeln sind in Richtlinien festzuhalten
	Fehlende Regularien führen zu unkontrolliertem Wildwuchs
Gibt es abgestimmte Auswahlkriterien für die Beschaffung dieser Endgeräte?	Anhand eines Kriterienkatalogs kann der Markt sondiert werden. Besondere Aufmerksamkeit haben dabei die Sicherheitsaspekte
	Der Beschaffung sollte ein entsprechender Kriterienkatalog an die Hand gegeben werden
Existiert ein Berechtigungskonzept für Anwendungen?	Ein Berechtigungskonzept ist selbstverständlicher Teil der Unternehmenssicherheit
	Ohne Berechtigungskonzept sind alle Anwendungen ungeschützt
Sind die Anwendungen durch ein Passwort geschützt?	Individuelle Anwendungen können durch Passwörter geschützt werden
	Ohne Passwortschutz stehen alle Anwendungen allen Zugriffen offen
Gibt es eine Passwort-Wechselstrategie?	Die Wechselstrategie beinhaltet die Wechselfrequenz und das Passwortformat
	Der Passwortwechselmodus sollte nicht den Entscheidungen von Usern überlassen werden
Gibt es einen festgelegten Passwort-Wechselzyklus?	Für den Schlüsselwechsel sollte ein zeitlicher Plan vorliegen. Der Wechsel sollte im Monatsrhythmus, allerhöchstens im Vierteljahresrhythmus erfolgen
	Passwörter, die selten gewechselt werden, sind von außen leicht zu ermitteln

Tab. 7.3 (Fortsetzung)

Sind komplexe Passwortstrukturen vorgegeben?	Die Sicherheit von Passphrasen hängt von ihrer Länge und Zeichenkombination ab *Passwörter sollten neben alphabetischen Zeichen auch Sonderzeichen und z. B. Groß- und Kleinschreibung enthalten*
Gibt es Alarmmechanismen bei Sicherheitsvorfällen?	In den Organisationen sollte ein eigener Alarmierungsprozess aufgesetzt werden *Ohne vereinbarten Alarmierungsmechanismus entsteht nur unkoordinierter Aktivismus*
Sind Kontrollmechanismen im Einsatz bzgl. der Nutzung privater Endgeräte im Unternehmen?	Die Nutzung privater Endgeräte im Unternehmens-WLAN sollte bestimmten Kontrollmechanismen unterliegen *Bei fehlenden Kontrollmechanismen steigt die Wahrscheinlichkeit unbefugter Nutzung*
Werden die Endgeräte inventarisiert?	Der IT-Sicherheitsbeauftragte zusammen mit dem IT-Management ist verantwortlich für die Dokumentation der vorhandenen Infrastruktur *Die IT-Sicherheit sollte jederzeit auskunftsfähig sein bzgl. der Geräte im Einsatz und der zugehörigen Nutzer*
Werden Synchronisationsprogramme und Kommunikationsprotokolle regelmäßig aktualisiert?	Diese Software-Komponenten sind auf dem aktuellsten Stand zu halten, damit einerseits fortgesetzte Kompatibilität gewährleistet ist, und andererseits der Support durch die Lieferanten gewährleistet bleibt *Aktuelle Software enthält in der Regel auch die neuesten Sicherheitsfeatures*
Erfolgt eine Auswertung des Loggings, um Zugriffe zu kontrollieren?	Eine entsprechende Management Plattform ermöglicht User Logging, Authentifizierung und Analyse *In den Logfiles werden auch Zugriffsversuche durch nicht-autorisierte Personen registriert*
Wird die Infrastruktur regelmäßig überprüft?	Dazu gehört neben der körperlichen Inspektion auch die Überprüfung der entsprechenden Kommunikationsprotokolle und -logdateien *Ohne Kenntnis der aktuellen Infrastruktur lassen sich keine Sicherheitsmaßnahmen zuordnen*
Werden Betriebsysteme und Hardware regelmäßig auf den letzten Stand gebracht?	Updates und Upgrades bringen die neuesten Standards von Sicherheit mit *Beim Zurückbleiben in den Soft- und Hardwareständen verfällt unter Umständen die Gewährleistung*
Sind Schutzmaßnahmen gegen Abhören getroffen?	Nur ein Zusammenspiel von organisatorischen und technischen Maßnahmen kann das Gesamtrisiko minimieren *Abhören von Sprachkommunikation ist die einfachste Methode, um an vertrauliche Informationen zu kommen*
Werden regelmäßig Einzelverbindungsnachweise analysiert?	Einzelverbindungsnachweise weisen unbefugte Nutzung aus *Einzelverbindungsnachweise sollten standardmäßig angefordert und ausgewertet werden*
Wird ein Gerät von mehreren Usern verwendet?	Manche Unternehmen ermöglichen aus Kostengründen die Nutzung durch wechselnde User *Wechselnde User erschweren die Durchsetzung von Kontrollmechanismen*

Tab. 7.3 (Fortsetzung)

Befindet sich lediglich eine SIM-Karte im Besitz eines Users?	Einzelne User können mit einer SIM-Karte statt mit einem fest zugeordneten Mobiltelefon ausgestattet sein
	SIM-Karten können eher verlustig gehen. Außerdem besteht kaum Kontrolle über das Endgerät, auf dem sie eingesetzt werden
Ist eine SIM-Kartenverwaltung vorhanden?	SIM-Karten sollten inventarisiert sein
	Nur eine Inventarisierung ermöglicht eine Zuordnung zu einem User
Ist GSM im Einsatz?	GSM ist der weitest verbreitete Mobilfunkstandard
Ist UMTS im Einsatz?	UMTS ermöglicht zusätzliche Funktionen, die GSM nicht bietet (z. B. MMS)
	Einige Zusatzfunktionen bei UMTS bilden weitere Sicherheitsrisiken
Haben Mobiltelefone Zugriff auf e-commerce Anwendungen?	Über unterschiedliche Protokolle (Internet, WLAN) lassen sich e-commerce-Transaktionen ausführen
	e-commerce-Transaktionen müssen gegen Ausspionieren geschützt sein (Verschlüsselung)
Werden lokale Anwendungen auf Mobiltelefonen ausgeführt?	Office und andere Anwendungen lassen sich installieren oder aktivieren
	Lokale Anforderungen können eine zusätzliche Quelle für Viren sein
Existiert ein Freigabeverfahren für Anwendungen auf Endgeräten?	Nur für den Unternehmensgebrauch benötigte und entsprechend zertifizierte Software darf auf Mobiltelefonen zum Einsatz kommen
	Private Anwendungen haben nichts auf den Geräten zu suchen
Werden lokal Geschäftsdaten gespeichert?	Für bestimmte Anwendungen müssen lokal Daten vorgehalten werden
	Lokale Geschäftsdaten sollten auf ein Minimum beschränkt werden
Werden nur die notwendigsten Daten lokal vorgehalten?	Für bestimmte Anwendungen müssen lokal Daten vorgehalten werden
	Minimum und Maximum erlaubter Daten sollte zentral festgelegt werden
Sind lokale Speichererweiterungen zugelassen?	Speichererweiterungen ermöglichen den Upload z. B. von Kalkulationstabellen und anderen Daten
	Speichererweiterungen ermöglichen auch den Upload von unerwünschten Anwendungen
Existiert Zugriff auf zentrale Datenbanken?	Über dezentrale Fernzugriffe besteht die Möglichkeit, zentrale Datenbanken mit vertraulichen Informationen anzuzapfen
	Der Zugriff auf zentrale Dantenbanken muss über gesonderte Sicherheitsmaßnahmen geregelt werden (Verschlüsselung)
Werden regelmäßig backups von den lokalen Daten gezogen?	Backups sind wichtig bei Verlust oder Diebstahl eines Geräts
	Ohne Backup müssen verlorene Informationen wieder mühsam manuell nachgestellt werden

Tab. 7.3 (Fortsetzung)

Werden die Daten verschlüsselt?	Verschlüsselung von Daten und Speichermedien ist ein grundlegender Bestandteil der Sicherheitsstrategie *Unverschlüsselte Daten lassen sich ohne große Mühe ausspionieren*
Ist SMS-Verkehr zugelassen?	Mit SMS können Kurznachrichten (160 Zeichen) übermittelt werden *SMS-Nachrichten sollten keine vertraulichen Informationen enthalten*
Ist EMS-Verkehr zugelassen?	EMS erlaubt den Versand längerer Nachrichten durch Aneinanderreihung mehrere SMS *EMS-Nachrichten sollten keine vertraulichen Informationen enthalten*
Ist MMS-Verkehr zugelassen?	Über MMS können Fotos und Videos verbreitet werden *MMS-Nachrichten können Virenanhänge enthalten*
Wird i-mode verwendet?	i-mode ist ein Internetzugang per Mobilfunk *Internetzugang sollte besonders gesichert sein*
Ist WAP-Technologie im Einsatz?	WAP steht für Wireless Application Protocol. Dieser Dienst ermöglicht die Übertragung von Internet-Informationen *Internetzugang sollte besonders gesichert sein*
Ist Internet-Zugang über Mobiltelefone erlaubt?	Die Möglichkeiten der Internetnutzung sollten per Richtlinie geregelt sein *Internetzugang sollte besonders gesichert sein*
Wird auf UMA-Technologie zurückgegriffen?	UMA ermöglichte den Zugriff von Mobiltelefonen auf WLANs *UMA-Technologie ermöglicht die Zusammenführung von Sprache und WLAN*
Ist in der Organisation eine Integration von WLAN und Sprache realisiert?	Die Integration von Sprache und WLAN bedeutet auch die Integration Sprache und Daten *Die Zusammenführung von Sprache und Daten stellt eine besondere Herausforderung an Sicherheitsmaßnahmen dar*
Ist VoIP mittels WLAN im Einsatz?	Über WLANs lassen sich auch VoIP-Strategien ermöglichen *Damit sind Zugriffe über Access Points und Hotspots möglich*
Sind die E-Mail-Funktionen für Handhelds definiert?	Die Account-Strukturen sollten zentral vorgegeben werden *Zu Prüfen sind die Möglichkeiten der Verschlüsselung*
Sind die zentralen Anwendungen über Firewalls abgesichert?	Firewalls sind unabdingbare Voraussetzung für die sichere Nutzung eines jeden Netzes *Ohne Firewalls sollten keine Kommunikationssystem in Betrieb gehen*
Sind die zentralen Zugänge über Virenscanner abgesichert?	Virenscanner sollten zum Standard gehören *Ohne Virenscanner sollten keine Kommunikationssystem in Betrieb gehen*
Werden BlackBerries für Mobilfunktelefonie zugelassen?	BlackBerries haben eine eigenständige Sicherheitsarchitektur
Gibt es Regeln für die Nutzung von BlackBerries?	Die Nutzung sollte per Richtlinie geregelt sein *BlackBerries erfordern gesonderte Sicherheitsmaßnahmen*

Tab. 7.3 (Fortsetzung)

Gibt es die Möglichkeit am Server vorbei unverschlüsselt zu senden?	Theoretisch gibt es die technische Möglichkeit, unverschlüsselt Nachrichten zu übermitteln *Es dürfen keine unverschlüsselten Nachrichten am Server vorbei verschickt werden*
Wird die Möglichkeit „confirm on send" genutzt?	Dies ist eine zusätzliche Bestätigung, die verhindern kann, dass versehentlich unverschlüsselte oder vertrauliche Informationen an den falschen Empfänger geschickt werden *Die Möglichkeit „confirm on send" sollte möglichst genutzt werden*
Ist die Weiterleitung deaktiviert?	Durch de-Aktivierung der Weiterleitungsfunktion wird die Verbreitung von Viren erschwert *Es ist zu prüfen, ob die de-Aktivierung der Weiterleitung fallweise sinnvoll und möglich ist*
Ist die Funktion PIN Messaging deaktiviert?	PIN Messaging ermöglicht den Nachrichtenversand am BlackBerrie Enterprise Server vorbei *PIN-Messaging sollte auf „off" gesetzt werden*
Ist die Funktion SMS deaktiviert?	Für BlackBerries lassen sich die SMS-Funktionalitäten abstellen *Es ist zu prüfen, ob die de-Aktivierung von SMS fallweise sinnvoll und möglich ist*
Ist die Funktion MMS deaktiviert?	Für BlackBerries lassen sich die MMS-Funktionalitäten abstellen *Es ist zu prüfen, ob die de-Aktivierung von MMS fallweise sinnvoll und möglich ist*
Ist S/MIME im Einsatz?	S/MIME ist ein Sicherheitspaket, das zusätzlichen Verschlüsselungsschutz bietet *Für hochsensible Anwendungen sollte diese zusätzliche Investition getätigt werden*
Sind Smart Phones zugelassen?	Smart Phones sind Weiterentwicklungen von normalen Mobiltelefonen, die zu einer Integration von umfassenden Mobilfunkdiensten und PDA-Funktionalitäten geführt haben *Smart Phones sind nicht geeignet als drahtlose Endgeräte für zentrale Anwendungen*
Sind iPhones zugelassen?	iPhone ist ein Produkt der Fa. Apple. Neben seinen klassische Funktionalitäten als Telefon besteht seine Hauptattraktivität in der Unterstützung medialer Dienste *iPhones sind nicht geeignet als drahtlose Endgeräte für zentrale Anwendungen*
Darf die Digitalkamera genutzt werden?	Viele Mobiltelefone besitzen eine Digitalkamera *Die Digitalkamera sollte nur zur firmenspezifischen Dokumentation verwendet werden*
Ist die Nutzung von MP3-Playern erlaubt?	Viele Mobiltelefone haben MP3-Funktionalitäten integriert *MP3-Funktionalitäten erlauben den download von Dateien, die auch Viren enthalten können*

Kapitel 8
Bluetooth

8.1 Einleitung

In den bisherigen Kapiteln wurden Grundlagen und Sicherheitsaspekte im drahtlosen Bereich ausschließlich bezogen auf die WLAN-Standards betrachtet. Nun ist WLAN zwar der wichtigste, aber nicht der alleinige Standard bei der drahtlosen Kommunikation. Im Folgenden wird der Kommunikationsstandard im engen Nahbereich, Bluetooth, vorgestellt.

Es wird zunächst Bezug genommen auf die technischen Grundlagen wie Protokolle und Systemtopologien. Danach folgen Hinweise bzgl. Einrichtung und Konfiguration, bevor die Sicherheitsaspekte erörtert werden. Die Sicherheitsaspekte betreffen die vorhandenen Sicherheitsfunktionalitäten, die Gefährdungspotentiale und mögliche Gegenmaßnahmen. Schließlich wird ein Blick in die aktuelle Weiterentwicklung und die Zukunft dieser Technologie getan.

8.2 Technische Grundlagen

Zu den technischen Grundlagen von Bluetooth gehören insbesondere:

- Protokolle und
- Systemtopologien.

Die Protokolle unterliegen – wie in anderen drahtlosen Kontexten auch – kontinuierlichen Weiterentwicklungen. Das soll im folgenden Unterabschnitt nachvollzogen werden. Dem entsprechend gestalten sich danach die Möglichkeiten der Netzwerkbildung.

W. W. Osterhage, *sicher & mobil,*
DOI 10.1007/978-3-642-03083-3_8, © Springer-Verlag Berlin Heidelberg 2010

8.2.1   Protokolle

8.2.1.1   Historie

Im Jahre 1998 wurde die Bluetooth Special Interest Group (SIG) gegründet mit dem Ziel, einen verbindlichen Kommunikationsstandard für sehr kurze Distanzen zu entwickeln. Ein Jahr später lag der Standard 1.0a vor, Ende desselben Jahres bereits die Version 1.0b (auf die Features der jeweiligen Versionen wird weiter unten eingegangen). Anfang 2001 erschien dann Version 1.1 – als erster brauchbarer Marktstandard. Mittlerweile sind wir bei Bluetooth 2.1+DER (Enhanced Data Rate) angekommen. Die Mehrzahl der Geräte im Gebrauch arbeitet allerdings noch auf der 2003 veröffentlichten Version 1.2, während die Version 2.0 dabei ist, größere Markt- und Benutzeranteile zu gewinnen.

8.2.1.2   Struktur

In der Abb. 8.1 ist der Protokoll-Aufbau von Bluetooth dargestellt:

Neben den üblichen Kommunikationselementen ist hier besonders auf die im Link Manager Protocol (LMP) gelagerten Sicherheitschecks hinzuweisen.

Die übrigen Abkürzungen bedeuten:

- RFCOMM: Emulation einer seriellen Schnittstelle
- AT: Befehle für mobile Geräte, z. B. Headsets
- SDP: Service Discovery Protocol
- TCS: Telephony Control Protocol Specification.

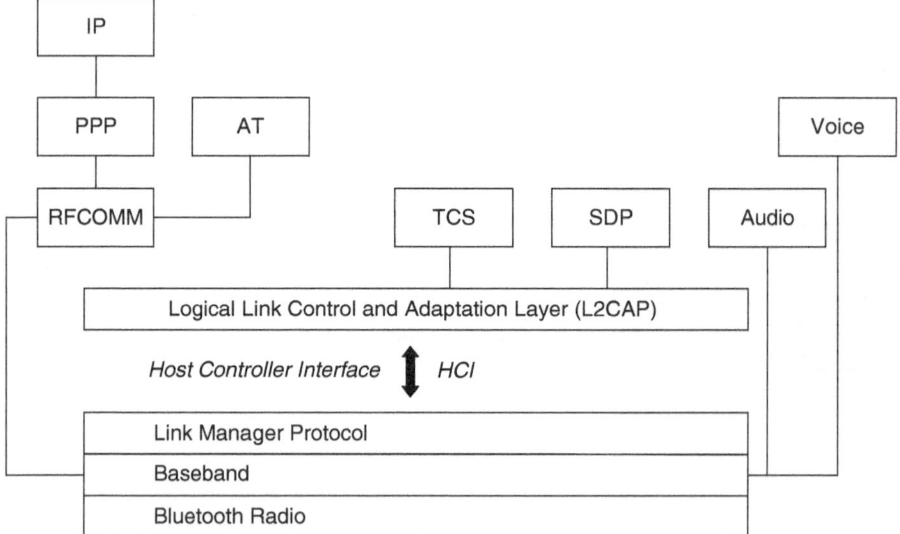

Abb. 8.1 Protokoll-Aufbau Bluetooth

Tab. 8.1 Bluetooth-
Versionen

Version	Übertragungsrate
1.0	732,2 Kbit/s
1.1	732,2 Kbit/s
1.2	732,2 Kbit/s
2.0+DER	2,1 Mbit/s
2.1+DER	2,1 Mbit/s

Tab. 8.2 Bluetooth
Leistungsklassen

Klasse	Leistung (mW)	Reichweite (m)
1	100	100
2	2,5	10
3	1	1

8.2.1.3 Gebräuchliche Protokolle und Performance

Die folgende Tab. 8.1 listet die Bluetooth-Versionen mit ihren Leistungsmerkmalen:
Außerdem unterscheidet man unabhängig davon drei Leistungsklassen (s. Tab. 8.2):

8.2.1.4 Features

Bluetooth Protokolle eigen sich zur Datenübertragung über kurze Distanzen für

- Mobiltelefone
- Mäuse
- Laptops
- PDAs
- Drucker
- Digitalkameras
- Videokameras
- Web-Pads
- Lautsprecher
- Fernsehgeräte
- Kopfhörer
- Freisprecheinrichtungen
- und andere ähnliche Geräte.

(Mittlerweile hat Bluetooth auch Eingang in die Unterhaltungs- und Spielzeugbranche gefunden; diese Anwendungen sollen hier nicht weiter betrachtet werden).

Ein besonderes Feature besteht in der Möglichkeit, bestimmte Nutzungsprofile einzurichten, über die der Datenaustausch stattfinden soll. Diese Profile teilen den kommunizierenden Geräten mit, welche Dienste beansprucht werden. Die folgende Tab. 8.3 liefert eine Auswahl solcher Profile:

Tab. 8.3 Bluetooth-Profile

Kürzel	Bezeichnung	Bedeutung
GAP	Generic Access Profile	Basisprofil
RS-232	Serial Port Profile	Virtuelle serielle Schnittstelle
HSP	Head Set Profile	Freisprecheinrichtung
HID	Human Interface Device Profile	Anbindung von Tastaturen, Mäuse etc.
DUN	Dialup Network Profile	Wählverbindungen per Telefon über Rechner
FTP	File Transfer Profile	Dateiübertragung
SAP	SIM Access Profile	Zugriff auf SIM-Karte

8.2.2 Systemtopologie

8.2.2.1 Übertragung

Bluetooth verwendet einen Frequenzbereich zwischen 2.400 und 2.480 MHz. Zudem ist eine funktechnische Anbindung an Festnetztelefonie möglich. Insgesamt stehen zwei unterschiedliche Datenkanäle zur Verfügung:

- synchron (SCO) für Sprache und
- asynchron (ACL) für alle anderen Datenarten.

8.2.2.2 Topologie

Das Netzwerk, innerhalb dessen Bluetooth-Geräte kommunizieren, nennt sich Piconet. Ein solches Piconet wird durch die beteiligten Geräte selbst aufgebaut. Die Anzahl Geräte, die in einem solchen Netz zusammengeschlossen werden können, beträgt theoretisch 255 – allerdings können gleichzeitig nur acht Geräte aktiv sein. Dazu muss jeweils ein Gerät als Master fungieren, der dann bis zu sieben Slaves steuert. Daneben kann ein und dasselbe Bluetooth-Gerät gleichzeitig in mehreren Piconets angeschlossen sein – solange es nicht als Master fungiert (s. a. die Abb. 8.2 und 8.3):

8.2.2.3 Verbindungsaufbau

Jedes Bluetooth-Gerät besitzt eine Device Address (Geräteadresse) von 48 bits Länge. Ein Bluetooth-Gerät polled seine Umgebung (Inquiry) ständig, ob sich innerhalb seiner Reichweite ein anderes Bluetooth-Gerät befindet, das kommunizieren möchte. Werden Geräte erkannt, kann eine sogenannte Paging-Aufforderung initialisiert werden, um eine konkrete Verbindung aufzubauen. Das Paging-Gerät fungiert dann als Master und gibt seine Adresse bekannt. Innerhalb eines Piconets können über Punkt-zu-Punkt-Verbindungen hinaus auch 1-zu-n-Verbindungen hergestellt werden.

Abb. 8.2 Piconet

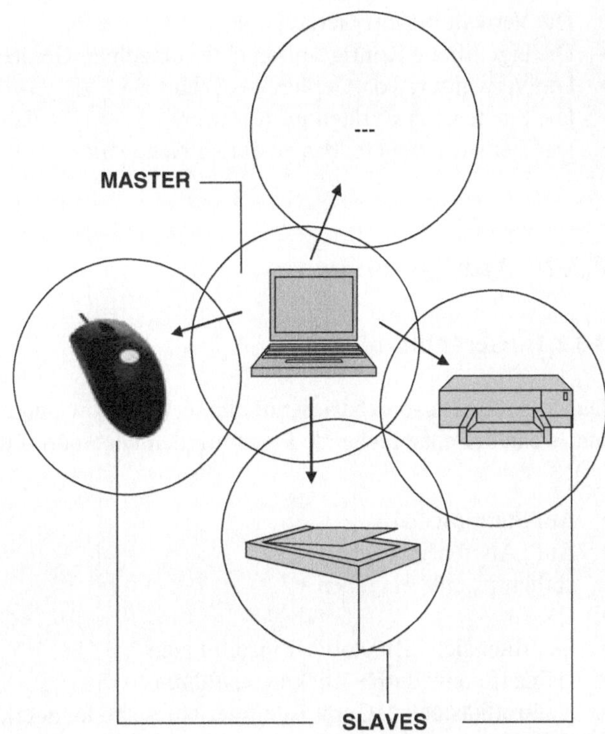

Abb. 8.3 Ein Gerät in mehreren Piconets

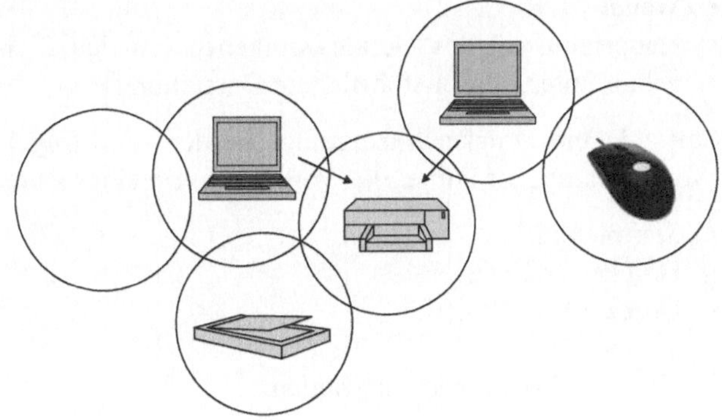

8.3 Konfiguration

8.3.1 *Optionen*

Die Optionen, die unter dem Thema Konfiguration abgedeckt werden, umfassen im
Wesentlichen:

- Die Verwaltung des Gerätepools
- Die eigentliche Konfiguration eines einzelnen Gerätes
- Die Verwaltung von Geräteeigenschaften
- Die Suche nach Geräten im Netzwerk
- Der Beitritt eines Gerätes zu einem Netzwerk.

8.3.2 Konfiguration

8.3.2.1 Gerät hinzufügen

Das folgende Beispiel basiert auf einem Workflow unter Windows XP (funktioniert nur, wenn der entsprechende Patch mit den Bluetooth-Optionen eingespielt worden ist):

- Auf Start klicken
- Auf „Ausführen" gehen
- „bthprops.cpl" eingeben
- OK
- Es öffnet sich „Bluetooth-Einstellungen"
- „Hinzufügen" durch Klicken ausführen
- Kontrollkästchen „Gerät ist eingerichtet und kann erkannt werden" aktivieren
- Weiter
- Gerät auswählen und markieren
- Weiter
- Hauptschlüssel des Gerätes eingeben (zu den Sicherheitseinrichtungen folgt weiter unten eine ausführlichere Darstellung).

Soll z. B. ein Drucker hinzugefügt werden, sind folgende Schritte durchzuführen (Voraussetzung ist immer das Vorhandensein eines Bluetooth-Adapters am PC):

- Startmenü
- Drucker und Faxgeräte
- Drucker hinzufügen
- Weiter
- „Bluetooth-Drucker" auswählen
- Weiter
- Den Anweisungen folgen, die mit dem Drucker mitgeliefert wurden.

8.3.2.2 Geräteeigenschaften

Die Geräteeigenschaften beziehen sich im Wesentlichen auf Merkmale für die Kommunikation im Netz (s. u.). Dazu gehören:

Abb. 8.4 Verbindungsaufbau

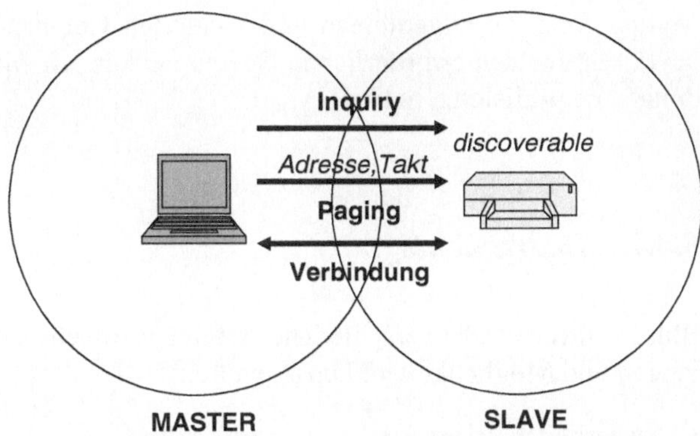

* Der Gerätetyp
* Die Adresse des Bluetooth-Adapters
* Datum und Uhrzeit der letzten Verbindung
* Verwendung des Hauptschlüssels
* Art der durch ein Gerät unterstützten Dienste
* Möglichkeit, den Namen eines Gerätes zu ändern.

8.3.3 Netzwerkverbindungen

Bluetooth-Geräte besitzen eine 48 bit lange Geräte-Adresse (BDA: Bluetooth Device Address). Ein Verbindungsaufbau (s. Abb. 8.4) kann erst entstehen, wenn das Gerät in Betrieb ist. Dann wird diese Geräte-Adresse alle zwei Sekunden ausgestrahlt. Gleichzeitig sucht das Gerät nach anderen Geräten im Sendebereich in Abständen von bis zu 5,6 Sekunden („inquiry"). Dazu muss die Suchfunktion am Gerät aktiviert sein. Das Gerät, von dem die Verbindung ausgeht, wird bei erfolgter Verbindung zum Master.

Das Master-Gerät sendet nun an den oder die Slaves per „Paging" seine Adresse und seinen Zeittakt. Erst danach ist die Verbindung als solche etabliert.

8.4 Sicherheitsaspekte

Wie andere Kommunikationsprotokolle ist Bluetooth natürlich ebenfalls anfällig für Angriffe von außen. Diese Gefährdungen sind teilweise identisch wie wir sie vom WLAN her kennen, teilweise spezifisch, da sie von der Bluetooth-Technologie bestimmt werden. Im Folgenden werden zunächst die dem Bluetooth eigenen Sicherheitsmechanismen, die standardmäßig vorhanden sind, betrachtet. Demgegenüber werden dann die allgemeinen und konkreten Gefährdungspotentiale identifiziert, bevor wir uns den erforderlichen Gegenmaßnahmen zuwenden, die solche Gefährdungen neutralisieren helfen.

8.4.1   *Instrumente*

Bluetooth verwendet verschiedene systemspezifische sicherheitstechnische Einstellungen und Möglichkeiten. Dazu gehören:

* Sicherheitsbetriebsarten
* kryptografische Mechanismen
* Authentisierung und
* Verschlüsselung.

8.4.1.1   Sicherheitsbetriebsarten

Bluetooth bietet unterschiedliche Betriebsarten an. Diese repräsentieren unterschiedliche Sicherheitsstufen. Es werden unterschieden:

* Modus 1 (non secure): keine speziellen Sicherheitsmaßnahmen, keine Authentifizierung erforderlich
* Modus 2 (Service Level Security): Sicherheitsmechanismen auf Dienstebene
* Modus 3 (Link Level Security): Sicherheitsmechanismen auf der Verbindungsebene – kryptografisch (Authentisierung) und/oder Datenverschlüsselung.

8.4.1.2   Kryptografische Mechanismen

Grundlage des kryptografischen Verfahrens sind Verbindungsschlüssel in Zusammenhang mit dem sogenannten Pairingverfahren zwischen zwei Geräten. Dieser Verbindungsschlüssel (Länge 128 bits) setzt sich zusammen aus einer Kombination der Geräteadressen und einer Zufallszahl für jedes Gerät. Dabei werden die generierten Zufallszahlen auf das jeweils andere Gerät übertragen. Um diese Übertragung sicher zu gestalten, wird ein Initialisierungsschlüssel benötigt, der sich aus folgenden Elementen zusammensetzt (s. Abb. 8.5):

* Weitere Zufallszahl
* Adresse eines der beteiligten Geräte
* PIN.

Die PIN muss für beide Geräte identisch sein (bis zu 16 Bytes lang).

Abb. 8.5
Kombinationsschlüssel

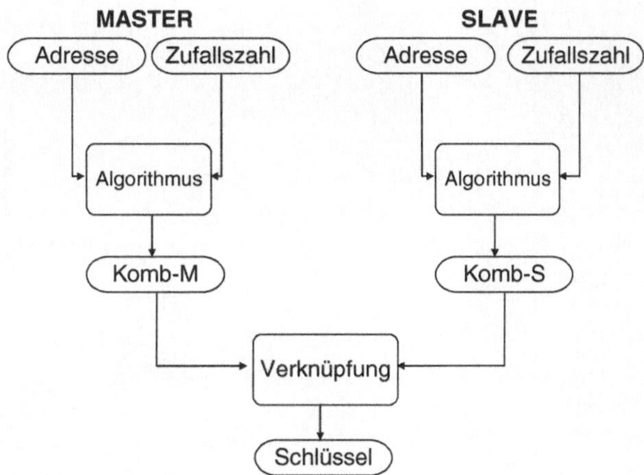

8.4.1.3 Authentisierung

Die Authentisierung erfolgt (einseitig initialisiert) von Gerät zu Gerät (Punkt-zu-Punkt). Hierbei greift folgender Automatismus (s. Abb. 8.6):

- Authentifizierer sendet Zufallszahl an Authenthisierer.
- Authentisierer berechnet aus Zufallszahl, Kombinationsschlüssel und eigener Geräteadresse eine Antwort (32 bits).
- Authentisierer schickt Antwort an Authentifizierer.
- Authentifizierer führt die gleiche Berechnung bei sich durch.
- Bei identischen Rechenergebnissen erfolgt die gewünschte Verbindung.

8.4.1.4 Verschlüsselung

Verschlüsselung (s. Abb. 8.7) kann erst nach Authentisierung und Herstellung einer stabilen Verbindung erfolgen. Dazu muss ein neuer Schlüssel vereinbart werden. Er setzt sich zusammen aus:

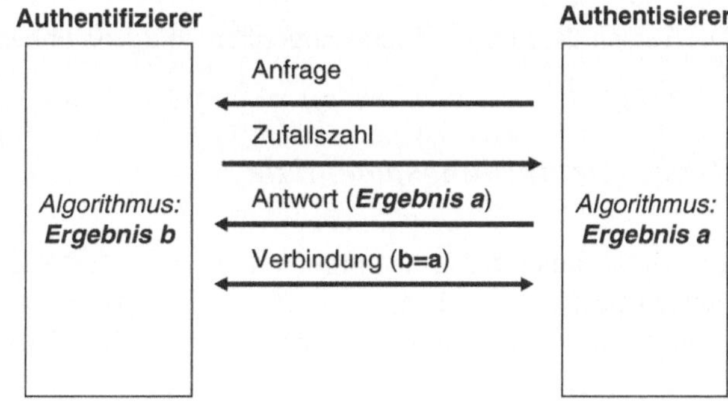

Abb. 8.6 Authentisierungs-verfahren

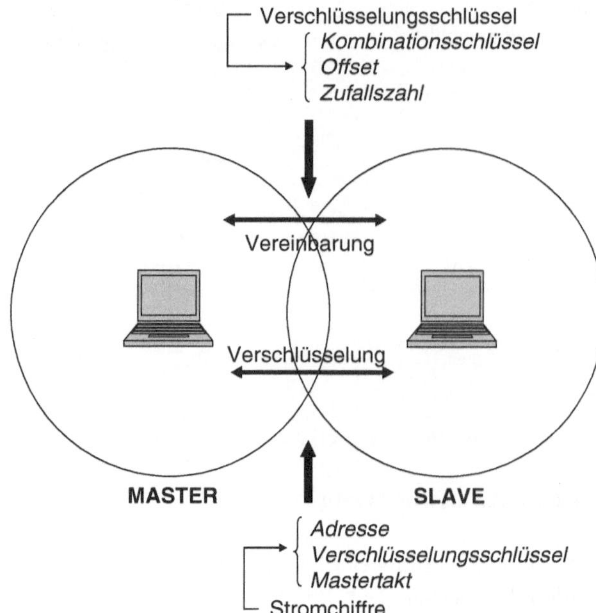

Abb. 8.7 Verschlüsselung

- dem Kombinationsschlüssel,
- einem Offset und
- einer Zufallszahl.

Für die Verschlüsselung werden zwei Betriebsarten angeboten:

- Punkt-zu-Punkt oder
- Punkt-zu-Mehrpunkt (Master zu mehreren Slaves im Piconet).

Die Verschlüsselung wird lediglich für den Datentransport selbst über eine Strom-chiffre hergestellt aus:

- Geräteadresse
- Verschlüsselungsschlüssel
- Zeittakt des Masters.

Die Verschlüsselung auf den Endgeräten ist davon unbenommen.

8.4.2 Gefährdungspotentiale

Die Gefährdung des Bluetooth-Traffics, der zugehörigen Endgeräte und Anwen-dungen deckt sich teilweise mit denen, die aus der WLAN- bzw. Mobilfunknut-zung bekannt sind. Es kommen aber noch zusätzliche Quellen hinzu, die mit dem

Bluetooth-Betrieb und seinen Sicherheitsmechanismen zusammenhängen. Im Einzelnen handelt es sich um folgende Problemfelder:

- Man-in-the-Middle Attacken:
  Jemand schaltet sich unbemerkt zwischen zwei kommunizierende Geräte. Das wird erleichtert, wenn keine Datenverschlüsselung im Einsatz ist.
- PINs:
  Das Hauptproblem besteht darin, keine einfach zu erratenden PINs zu benutzten.
- Tracking:
  Bei eingeschalteten Geräten und aktiver Inquiry sind diese wegen des Such-Vorgangs leicht zu orten.
- DoS-Attacke:
  Durch intensiven Versand von ungewünschten Informationen an immer die gleiche Adresse kann ein Gerät komplett blockiert werden.
- Ausspähen von Daten auf Endgeräten:
  Nach erfolgreichem Ausspähen können lokale Daten gelesen, manipuliert oder gelöscht werden.
- Ändern von Konfigurationen:
  Es gibt spezielle Hacking-Software, die in die Konfiguration eingreifen und Parameter ändern kann.
- Fehler in der Bluetooth-Software:
  Bekannte Fehler ermöglichen unbefugten Zugang von Angreifern.
- Standard-Voreinstellungen:
  Geräte werden mit Standard-Voreinstellungen geliefert. Diese sollten unmittelbar nach Erwerb geändert werden.
- Lange und häufig wiederholte Verbindungen mit demselben Schlüssel:
  Das kontinuierliche Senden von Verbindungsschlüsseln bzw. lang stehende Verbindungen selbst erleichtern die Kenntnisnahme dieses Schlüssels durch hartnäckige Angreifer. Das Muster eines solchen Verbindungsverhaltens weist einen Angreifer auf ein solches Potential hin.
- Schwächen des Verschlüsselungsalgorithmus:
  Wie jeder andere Algorithmus haben auch die Bluetooth-Möglichkeiten gewisse Schwächen, die es versierten Angreifern ermöglichen, sich in das Kommunikationsgeschehen einklinken können.
- Diebstahlsgefahr:
  Wie auch sonst ist die Diebstahlsgefahr erhöht, da es sich um mobile Geräte handelt.
- Kein Passwortschutz am Gerät:
  Bei fehlendem Passwortschutz sind gestohlene Geräte von Angreifern direkt nutzbar.
- Malware:
  Wie für jedes andere Netzwerk auch, sind Piconets Zielscheibe für Viren, Trojaner und Verwandte.

8.4.3   Gegenmaßnahmen

Folgende Gegenmaßnahmen erhöhen die Sicherheit von Bluetooth-Anwendungen:

- Beschaffungskriterien
  Es gibt bestimmte Kriterien, die bei der Beschaffung von Bluetooth-Geräten zu beachten sind. Dazu gehören:

  - Minimale Schlüssellänge
  - Änderungsmöglichkeit der Voreinstellungen
  - Zusätzliche Sicherheitssoftware im Angebot des Herstellers.

- Voreinstellungen
  Alle ausgelieferten Voreinstellungen sollten vor dem Einsatz jeden Gerätes geändert werden.
- Dienste
  Nicht benötigte mitgelieferte Dienste sollten deaktiviert bzw. deinstalliert werden.
- Sendeleistung
  Um die Tracking-Gefahr gering zu halten, sollte die Sendeleistung auf das minimal nötigste gehalten werden.
- Sicherheitsmodus
  Der Sicherheitsmodus sollte 2 oder besser 3 sein. Sicherheitsmodus 1 ist indiskutabel.
- Verschlüsselung
  Jede Kommunikation sollte grundsätzlich verschlüsselt werden. Es ist darauf zu achten, dass auf den Geräten selbst zumindest verbindungsrelevante Daten verschlüsselt abgelegt sind. Für die lokale Datenverschlüsselung muss es eigene Richtlinien geben.
- PIN
  PINs sollten aus allen verfügbaren Zeichenkombinationen erstellt werden (nicht nur Buchstaben oder Zahlen, sondern auch aus Sonderzeichen mit upper und lower case Varianten). Die maximal angebotene Länge sollte ausgenutzt werden.
- Tracking
  Tracking ist schwierig zu unterbinden, solange Geräte aktiv sind. Durch eine Kombination von Maßnahmen, lässt sich allerdings die Sicherheit erhöhen:

  - Schalten des Geräts auf „unsichtbar"
  - Wechsel der Gerätenummer
  - Deaktivierung der Geräte, wenn diese nicht genutzt werden.

- Firewalls
  Um sicher zu sein vor Hacking-Software, sollten Bluetooth-Geräte mit Firewalls und sonstigem Virenschutz versehen werden, sofern das technisch machbar ist.
- Diebstahl/Verlust
  Bei Diebstahl müssen alle Verbindungsschlüssel in den im Piconet verbliebenen Geräten gelöscht werden.

- Authentisierung
  Eine Authentisierung auf Geräteebene sollte eingerichtet sein, sofern technisch machbar.
- Zugriff
  Nach Möglichkeit sollten Geräte durch physische Maßnahmen vor unbefugtem Zugriff geschützt sein.

8.5 Zukunft

Die Zukunft für Bluetooth weist in zwei Richtungen:

- Weiterentwicklung des Standards und
- Erschließung neuer Nutzungsfelder.

8.5.1 Weiterentwicklung

Hier einige in Zukunft zu erwartende Features:

- Unterstützung eines zusätzlichen High Speed Kanals (Seattle Release)
- Erweiterung der Protokollschicht L2CAP
- Ultrabreitband mit bis zu 480 Mbit/s
- Neue Einsatzmodelle der Technologie (Profile)
- Ausstattung mobiler Endgeräte mit RFID-Technologie.

8.5.2 Nutzungsfelder

Der Einsatz von Bluetooth geht heute weit über den Bereich der Informationstechnologie hinaus. Anwendungen gibt es mittlerweile auch im Unterhaltungssektor. Das soll an dieser Stelle nicht weiter interessieren. Von Bedeutung für Sicherheitsfragen sind Einsätze

- in der Autoelektronik
- in der Fertigungssteuerung
- im Maschinen- und Anlagenbau und
- in der intelligenten Maschinenkommunikation.

Hier ergeben sich Schnittstellen zu den anderen Bereichen von Unternehmensorganisationen und damit zu zentralen Anwendungen, sodass hier alle bereits besprochenen Sicherheitsrisiken wieder greifen (s. o.).

8.6 Checkliste

Die folgende Tab. 8.4 fasst noch einmal alle relevanten Sicherheitsaspekte für Bluetooth-Anwendungen zusammen:

Tab. 8.4 Checkliste Bluetooth

Ist bei Ihnen bereits Bluetooth im Einsatz?	Im Einsatz befindliche Bluetooth-Anwendungen sollten regelmäßigen Sicherheitschecks unterliegen
Wird Bluetooth in einer Organisation genutzt?	Bluetooth-Anwendungen in Organisationen sollten durch die interne Sicherheitsstrategie bedacht sein
Nutzen Sie Bluetooth privat?	Im privaten Bereich sind die Gefährdungen grundsätzlich technisch vergleichbar mit denen in größeren Organisationen
Möchten Sie Bluetooth-Anwendungen einführen?	Bei der Neu-Einführung von Bluetooth sind einige grundlegende Sicherheitsaspekte zu berücksichtigen
Soll Bluetooth in einer Organisation genutzt werden?	Bei der Neu-Einführung von Bluetooth sind die Sicherheitsregeln des IT-Bereichs entsprechend anzuwenden
Sind die Sicherheitszuständigkeiten in Ihrem Unternehmen geregelt (strategisch, organisatorisch, technisch)?	Die organisatorischen Sicherheitsmaßnahmen lassen sich unterscheiden nach allgemeinen organisatorischen Maßnahmen, technischen Maßnahmen im Rahmen der IT-Sicherheit, technischen Maßnahmen bezüglich der Kommunikation *Ungeregelte Zuständigkeiten im Sicherheitsbereich gefährden einen geregelten Betrieb*
Enthalten die Sicherheitsrichtlinien einen Maßnahmenkatalog für Sicherheitsvorfälle?	Je nach Sicherheitsvorfall greifen unterschiedliche Maßnahmen *Eine Maßnahmenklassifizierung sollte unbedingt erfolgen*
Ist die Nutzung von Bluetooth geregelt?	Bluetooth-Anwendungen in Organisationen sollten durch die interne Sicherheitsstrategie bedacht sein *Ungeregelte Nutzung unter Enduser-Hoheit stellt ein erhebliches Gefährdungspotential dar*
Sind Sicherheitsrichtlinien zur Nutzung von Bluetooth dokumentiert?	Bluetooth-Nutzung sollte Teil der organisationsinternen Sicherheitskonzeption sein *Anwender sollten auf die Einhaltung von Sicherheitsstandards verpflichtet werden*
Existiert ein Berechtigungskonzept für Anwendungen?	Ein Berechtigungskonzept ist selbstverständlicher Teil der Nutzungssicherheit *Ohne geregelte Zugriffsrechte stehen Eindringlingen Tür und Tor offen*
Sind die Anwendungen durch ein Passwort geschützt?	Individuelle Anwendungen können durch Passwörter geschützt werden *Ohne Passwortschutz stehen alle Anwendungen allen Zugriffen offen*
Gibt es eine Passwort-Wechselstrategie?	Die Wechselstrategie beinhaltet die Wechselfrequenz und das Passwortformat *Der Passwortwechselmodus sollte nicht den Entscheidungen von Usern überlassen werden*
Gibt es einen festgelegten Passwort-Wechselzyklus?	Für den Schlüsselwechsel sollte ein zeitlicher Plan vorliegen. Der Wechsel sollte im Monatsrhythmus, allerhöchstens im Vierteljahresrhythmus erfolgen

Tab. 8.4 (Fortsetzung)

	Passwörter, die selten gewechselt werden, sind von außen leicht zu ermitteln
Sind komplexe Passwortstrukturen vorgegeben?	Die Sicherheit von Passphrasen hängt von ihrer Länge und Zeichenkombination ab
	Passwörter sollten neben alphabetischen Zeichen auch Sonderzeichen und z. B. Groß- und Kleinschreibung enthalten
Gibt es Alarmmechanismen bei Sicherheitsvorfällen?	In den Organisationen sollte ein eigener Alarmierungsprozess aufgesetzt werden
	Ohne vereinbarten Alarmierungsmechanismus entsteht nur unkoordinierter Aktivismus
Werden die Endgeräte inventarisiert?	Der IT-Sicherheitsbeaufragte zusammen mit dem IT-Management ist verantwortlich für die Dokumentation der vorhandenen Infrastruktur
	Die IT-Sicherheit sollte jederzeit auskunftsfähig sein bzgl. der Geräte im Einsatz und den zugehörigen Nutzern
Wird die Infrastruktur regelmäßig überprüft?	Dazu gehört neben der körperlichen Inspektion auch die Überprüfung der entsprechenden Kommunikationsprotokolle und -logdateien
	Ohne Kenntnis der aktuellen Infrastruktur lassen sich keine Sicherheitsmaßnahmen zuordnen
Sind die Konfigurationszuständigkeiten geregelt?	Bluetooth-Einstellungen lassen sich prinzipiell von jedem intelligenten Arbeitsplatz ausführen
	Es sind restriktive Maßnahmen zu ergreifen, die ein Konfigurieren nur durch die Administration zulassen
Wird Sicherheitsbetriebsart Modus 1 verwendet?	Modus 1 verwendet keine speziellen Sicherheitsmechanismen und keine Authentifizierung
	Modus 1 sollte auf keinen Fall Verwendung finden
Wird Sicherheitsbetriebsart Modus 2 verwendet?	Hier greifen Sicherheitsmechanismen auf der Dienstebene
	Modus 2 sollte der Minimal-Standard sein
Wird Sicherheitsbetriebsart Modus 3 verwendet?	Hier greifen Sicherheitsmechanismen auf der Verbindungsebene (kryptografische und Datenverschlüsselung)
Kommt ein kryptografisches Verfahren zur Anwendung, um den Zugang zu einem Piconet zu authentifizieren?	Grundlage des kryptografischen Verfahrens sind Verbindungsschlüssel in Zusammenhang mit dem sogenannten Pairingverfahren zwischen zwei Geräten
	Eine fehlende Authentifizierung von Piconet-Teilnehmern erlaubt den Zugriff durch unberechtigte Dritte
Werden die Daten verschlüsselt?	Verschlüsselung kann erst nach Authentisierung erfolgen. Dazu muss ein neuer Schlüssel vereinbart werden
	Unverschlüsselte Daten lassen sich ohne große Mühe ausspionieren
Werden Daten auf den lokalen Speichermedien verschlüsselt?	Bluetooth-Sicherheitseinrichtungen enden nach der Kommunikation
	Für die Verschlüsselung auf lokalen Medien greifen die üblichen Standards in Organisationen
Werden komplexe PINs eingesetzt?	Hauptproblem, wenn einfach zu erratende PINs benutzt werden
	Die maximale PIN-Länge sollte genutzt werden, ebenso die Verwendung von Sonderzeichen

Tab. 8.4 (Fortsetzung)

Sind Geräte eingeschaltet, wenn sie nicht in Gebrauch sind?	Geräte sollten bei Nicht-Nutzung ausgeschaltet sein
	Bei eingeschalteten Geräten sind diese wegen des Such-Mechanismus leicht zu orten
Werden die Standardeinstellungen der Geräte beibehalten?	Standardeinstellungen sollten unmittelbar nach Erwerb geändert werden
	Standardeinstellungen sind jedermann als Informationen zugänglich
Existieren lange und häufige Verbindungen mit demselben Schlüssel?	Kontinuierliche Nutzung desselben Schlüssels erleichtert die Kenntnisnahme dieses Schlüssels durch hartnäckige Angreifer wegen des modifizierten Verbindungsverhaltens
	Eine lange und dauernde Schlüsselverwendung kann durch zielgerichtetes Ausspionieren als Muster erkannt werden
Sind Geräte durch Passwörter geschützt?	Auch an den Geräten selbst besteht die Möglichkeit des Passwortschutzes
	Ohne Passwortschutz sind gestohlene Geräte von Angreifern direkt nutzbar
Gibt es spezielle Beschaffungskriterien für Bluetoothgeräte?	Hier sind besonders die sicherheitsrelevanten Angebote der Hersteller von Belang
	Hierzu gehören: minimale Schlüssellänge, Änderungsmöglichkeiten der Voreinstellung und sonstige spezielle Sicherheitssoftware
Werden nicht genutzte Dienste deaktiviert?	Nicht benötigte mitgelieferte Dienste sollten deaktiviert werden
	Jeder genutzte Dienst hat sein ihm eigenes Gefährdungspotential
Wird die Sendeleistung minimal gehalten?	Es gibt einen Kompromiss zwischen erforderlicher und sicherheitsrelevanter notwendiger Reichweite
	Da Bluetooth-Geräte ständig „pollen", sollte die Sendeleistung auf das Erforderliche reduziert werden
Gibt es Maßnahmen gegen Tracking?	Durch eine Kombination von Maßnahmen, lässt sich die Sicherheit erhöhen
	Dazu gehören: Wechsel der Gerätenummer und Deaktivierung bei Nicht-Nutzung
Wird die Gerätenummer gewechselt?	Die Gerätenummer kann über die Konfiguration umgestellt werden
	Durch das Wechseln der Gerätenummer wird das Tracking erschwert
Werden Bluetooth-Geräte mit Firewalls geschützt?	Auch Bluetooth-Geräte verfügen über die Möglichkeit, Firewalls einzurichten
	Firewalls sind heutzutage Standards in der Sicherheitsphilosophie
Gibt es einen Maßnahmenplan bei Diebstahl?	Bei Diebstahl müssen alle Verbindungsschlüssel in den im Piconet verbliebenen Geräten gelöscht werden
	Die mobilen Endgeräte im Bluetooth-Bereich sind besonders anfällig für Diebstahl oder Verlust
Werden Geräte durch physische Maßnahmen vor fremdem Zugriff geschützt?	Nach Möglichkeit sollten Geräte durch physische Maßnahmen vor unbefugtem Zugriff geschützt sein
	Die mobilen Endgeräte im Bluetooth-Bereich sind besonders anfällig für Diebstahl oder Verlust

Kapitel 9
Sicherheitsrichtlinie

In den vorhergehenden Kapiteln sind zwei typische spezielle Richtlinien vorgestellt worden (für PDAs und für Mobiltelefone). Die hier vorliegende umfassende Beispiel-Richtlinie enthält allgemeine Elemente. Für spezifische Anwendungsfälle sind Raster vorgegeben, die an geeigneter Stelle ausgefüllt werden müssen. Dazu können Inhalte aus den entsprechenden Kapiteln dieses Buches übernommen werden.

9.1 Einleitung

Drahtlose Sicherheit ist Teil eines ganzheitlichen Konzepts IT-Sicherheit. Letzteres zerlegt sich in eine Vielzahl von Dokumenten, die zwar alle untereinander referenziert sind, deren Komplexität jedoch von der jeweiligen Installation abhängt. Man unterscheidet strategische, technische und organisatorische Maßnahmen und damit auch spezifische Richtlinien. Entsprechend variiert der Adressatenkreis. Eine Richtlinie zur Konzipierung von Firewalls interessiert z. B. den normalen User nicht. Er muss wissen, wie die Struktur seines Passworts auszusehen hat.

9.1.1 Sicherheitsanforderungen

Sicherheitsanforderungen werden auf unterschiedlichen Betrachtungsebenen sichtbar:

- in der strategischen und organisatorischen Einbindung in einer Organisation
- bei der Auswahl von Sicherheitsobjekten
- durch die Werkzeuge zur Sicherstellung der Anforderungen
- durch den Personenkreis, der die Anforderungen stellt.

Diesen unterschiedlichen Dimensionen der Betrachtung wird im Folgenden Rechnung getragen. Sie hängen aber auch mit der Einschätzung spezifischer Risikolagen und möglicher Gegenmaßnahmen zusammen.

W. W. Osterhage, *sicher & mobil,*
DOI 10.1007/978-3-642-03083-3_9, © Springer-Verlag Berlin Heidelberg 2010

9.1.2 Risiken

Auch Risiken lassen sich mehrdimensional klassifizieren:

- nach Objekten (materiell, immateriell)
- nach Schadenspotential
- oder in Kombination.

Risiken variieren außerdem in Abhängigkeit vom Fortschritt von Angriffen: je weiter z. B. ein Eindringling in die Systeme vorankommt, desto höher wird das Restrisiko. Vollständig ausschalten lassen sich Risiken nie. Sinn und Gegenstand der vorliegenden Richtlinie ist es, alle erdenklichen Risiken so gering wie möglich zu halten. Für die später folgenden, Technologie abhängigen Gefährdungspotentiale werden plausible Risiko-Szenarien entwickelt mit entsprechenden Vorsorge- und Kompensationsmaßnahmen.

9.1.3 Maßnahmen

Wie weiter unten ausgeführt, unterscheidet man im Wesentlichen zwei Maßnahmenebenen:

- organisatorische und
- technische.

Beide funktionieren in der Regel zusammen und ergänzen sich. Maßnahmen können allgemeiner Natur sein, die grundsätzlich präventiv ein Sicherheitsumfeld schaffen, über das Sicherheitslücken allgemein kontrolliert werden. Dazu gehören Richtlinien, organisatorische Strukturen und technische Sicherheitseinrichtungen auf Hardware- und Software-Ebene. Weiterhin gibt es eine Vielfalt von spezifischen Maßnahmen, die konkrete Gefährdungsszenarien abdecken und im Einzelfall greifen. Dafür sind Prozesse vorzusehen, die bei Bedarf greifen. Solche Maßnahmen werden im später Folgenden fallweise abgehandelt.

9.2 Geltungsbereiche

Der Gültigkeitsbereich der IT-Sicherheit wird durch zwei Begrenzungen charakterisiert:

- organisatorisch
- zeitlich.

Die organisatorische Gültigkeit bezieht sich auf die Organisationseinheiten im Unternehmen, die von diesem System und der zugehörigen Dokumentation betroffen sind. In der Regel sind das alle. Bei Ausnahmen kann es sich z. B. um ausgelagerte Einheiten, Tochterunternehmen oder Beteiligungsgesellschaften handeln. In Übergangszeiten z. B. nach Fusionen bestehen ebenfalls die Möglichkeiten, dass bestimmte Abteilungen, die mit separater Systemstützung gefahren werden, anders gesteuert werden. In den einschlägigen Dokumenten sind diese Gültigkeitsbereiche festzuschreiben.

Bei zeitlich begrenzter Gültigkeit handelt es sich normalerweise um Versionsstände. Jedes Dokument hat eine Versionsnummer, die auf das Hauptdokument verweist. Die Gültigkeitsaussage bezieht sich dann auf die aktuelle Version, in Ausnahmefällen auf Abschnitte von Vorgängerversionen. Auf jeden Fall gilt das letzte Update. Hierzu gehören auch Aussagen, wie mit Änderungen zu den einzelnen Dokumenten zu verfahren ist. Die Änderungen sind in einer Versionshistorie bis zur endgültigen Freigabe festzuhalten.

9.2.1 Normative Verweisungen

Der gesamte Themenkomplex der IT-Sicherheit ist Gegenstand von nationalen Normen und Richtlinien, die an dieser Stelle kurz vorgestellt werden sollen. Detaillierte Informationen sind den Originaldokumenten zu entnehmen.

9.2.1.1 Gesetzliche Vorschriften

Zunächst ein Hinweis auf Gesetzeswerke, die unterschiedliche Aspekte der IT-Sicherheit berühren. Dazu gehören:

- Bundesdatenschutzgesetz (BDSG)
- Informations- und Kommunikationsdienstegesetz (IuKDG)
- Fernmeldeverkehr-Überwachungs-Verordnung (FÜV)
- Signaturgesetz (SigG)
- Signaturverordnung (SigV)
- Teledienstgesetz (TDK)
- Teledienste-Datenschutzverordnung (TDSV)
- Telekommunikationsgesetz (TKG).

9.2.1.2 Richtlinien und Normen

Das Bundesamt für Sicherheit in der Informationstechnik (BSI) hat Richtlinien entwickelt, die auf internationalen Normen beruhen. Der wichtigste Standard für Managementsysteme für Informationssicherheit (ISMS) findet sich unter BSI-Standard 100-1. Dem stehen ergänzend gegenüber die sogenannten IT-Grundschutzkataloge der BSI, in denen die unterschiedlichen Sicherheitsanforderungen fachlich ausgebreitet werden. Die Standardreihe des BSI 100-1 bis 100-3 liefert Lösungsanleitungen zur Umsetzung der im Folgenden kurz beschriebenen allgemeinen Normen und bietet auf diesem Wege eine Grundlage zur Zertifizierung z. B. nach ISO 27001.

9.2.1.3   Standard ISO/IEC 13335

Dieser Standard wie auch die folgenden wurde in Zusammenarbeit mit der International Electrotechnical Commission in Genf entwickelt. Es handelt sich bei diesem Dokument um eine Darstellung allgemeiner Grundsätze, die die Referenzbasis für weitere spezifische Standards darstellen. Dieser Standard beinhaltet im Wesentlichen:

- Konzepte und Modelle für die Sicherheit in der Informations- und Kommunikationstechnologie
- Technologische Voraussetzungen für das Management von Sicherheitsrisiken
- Richtlinien für die Netzwerksicherheit.

9.2.1.4   Standard ISO/IEC 17799

Dieser Standard unterbreitet Lösungswege und Schrittfolgen für die strategische Einführung von IT-Sicherheitssystemen. Detaillierte technische Anleitungen sind nicht Gegenstand dieses Dokuments. Es hat definitiv Vorschlagscharakter ohne Verbindlichkeit.

9.2.1.5   Standard 27001

Der Standard lautet: „Information Technology – Security Techniques – Information Security Management Systems Requirements Specifications". Auch dieser Standard hat nur Empfehlungscharakter. Technische Anleitungen zur Umsetzung werden nicht gegeben.

9.3   Informations- und Kommunikationssicherheit

IT-Sicherheit spielt auch bei Einführungsprojekten eine wichtige Rolle. Sie kann als eigenständiges Gebiet eingeordnet werden oder im Zusammenhang mit dem übergeordneten Thema IT-Qualitätsmanagement gesehen werden. Selbst, wenn man es eigenständig neben IT-Qualitätssicherung stellt, sind die gegenseitigen Verflechtungen und Abhängigkeiten so stark, dass eine Betrachtung des einen ohne Rückgriff auf das andere nicht möglich ist. IT-Qualitätsmanagement ist Voraussetzung für eine saubere Umsetzung der Sicherheitsaspekte. Ohne Berücksichtigung der Sicherheitsaspekte gibt es keine Nachhaltigkeit im Qualitätswesen.

Die Abb. 9.1 zeigt die Einordnung von IT-Qualitätsmanagement und IT-Sicherheit in den Rahmen eines Gesamtprojekts:

Die Erfüllung der Sicherheitsanforderungen ist abhängig von der strategischen Einordnung dieser Aufgabenstellung insgesamt im Unternehmen. Es wird dargelegt,

Abb. 9.1 Einordnung
IT-Sicherheitsmanagement

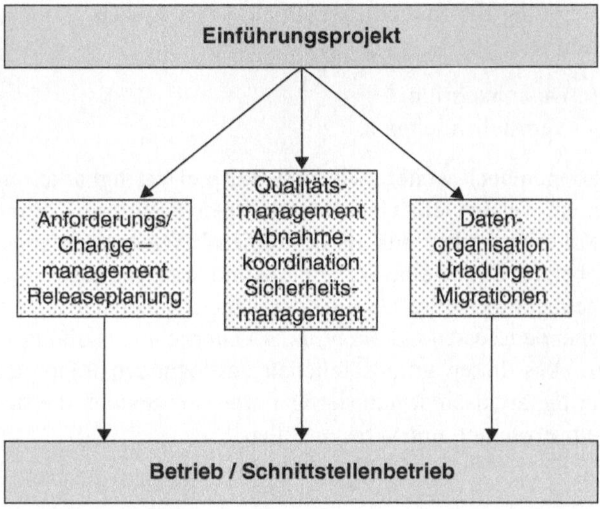

welche Voraussetzungen dafür geschaffen werden müssen. Dazu gehört auch eine effiziente Einbindung der Projektmitarbeiter.

9.3.1 Strategische Einbindung

IT-Sicherheitsmanagement ist ein Teil des übergeordneten Sicherheitsmanagements, welches das gesamte Unternehmen umfasst – also auch alle anderen materiellen und immateriellen Güter sowie alle Mitarbeiter. Insofern sollte das IT-Sicherheitsmanagement methodisch und prozessual in diese übergeordneten Aspekte eingebunden sein. Wenn von IT-Sicherheitsmanagement die Rede ist, ist damit selbstverständlich der gesamte Komplex der IT- und Kommunikationssicherheit gemeint.

Die IT-Sicherheit wird gewährleistet durch eine Reihe von konzeptionellen und organisatorischen Maßnahmen, sowie die notwendigen technischen Voraussetzungen, die erforderlich sind, die Sicherheitsziele zu erreichen. Betroffen sind:

- IT-Prozesse
- Computersysteme
- Hardware
- Software
- Kommunikationseinrichtungen
- Daten
- Dokumentation.

Um die technischen Voraussetzungen für die IT-Sicherheit zu schaffen, spricht man auch von Security and Safety Engineering. Die Voraussetzungen dafür leiten sich von unternehmensspezifischen Sicherheitskriterien ab, die von der Hierarchie unter

Beratung der Sicherheitsfachleute vorgegeben werden. Zu den klassischen Kriterien wie

- Datenintegrität
- Vertraulichkeit u. a.

können noch weitere wie zum Beispiel Verfügbarkeit und Authentizität hinzukommen. Verfügt ein Unternehmen über drahtlose Kommunikationsnetze, sehen die Kriterien anders aus als bei reinen LAN-Anwendungen. Dem zugrunde liegt auf oberster Ebene eine vereinbarte und kommunizierte Sicherheitspolitik. Die Sicherheitspolitik sollte als Teil der Unternehmensleitsätze verankert und mit entsprechenden Zuständigkeiten in der Unternehmensleitung versehen sein.

Aus diesen grundsätzlichen Festlegungen folgen auf der Durchführungsebene in hierarchisch strukturierter Form Dokumente, die diese Leitsätze zu Richtlinien umsetzen und mit Leben erfüllen.

9.3.2 Sicherheitsorganisation

Grundsätzlich sind alle Mitarbeiter und damit auch die Projektbeteiligten über die geltenden Sicherheitsrichtlinien im Unternehmen zu unterrichten. Das kann geschehen bei der Vergabe eines Accounts durch Zusendung entsprechender Dokumente. In spezifischen Fällen, z. B. bei der Nutzung von WLAN, sollte eine Schulung erfolgen. Eine Schulung für Administratoren sollte immer obligatorisch sein, da diese auf sensible Unternehmensdaten und Konfigurationen zugreifen. Die Sicherheitsaspekte, die bei Administratoren eine Rolle spielen, gehen naturgemäß über diejenigen für eine größere Allgemeinheit hinaus.

Nach erfolgter Schulung bzw. Kenntnisnahme der entsprechenden Sicherheitsdokumentation sollte jeder Mitarbeiter durch seine Unterschrift auf einem eigens dafür vorgesehenen Formblatt bestätigen, dass er informiert worden ist, und dass er mit der Richtlinie einverstanden ist und diese respektieren wird. Die unterschriebenen Bestätigungen sind durch die IT-Sicherheitsorganisation zu archivieren.

Die folgende Tab. 9.1 fasst noch einmal zusammen, welche strategischen Voraussetzungen für den Aufbau eines IT-Sicherheitsmanagements erforderlich sind:

9.3.3 Genehmigungsverfahren

Es sind Organisationsprozesse einzuführen, die die Genehmigung unterschiedlicher Dienste bzw. Objekte absichern, dazu gehören:

- Vergabe von Accounts
- Zugriffsberechtigungen auf Anwendungen
- Verfügungsgewalt über Endgeräte.

Tab. 9.1 Checkliste IT-Sicherheit

Existiert ein IT-Sicherheitsmanagement?	Das IT-Sicherheitsmanagement befasst sich mit allen Sicherheitsaspekten beim Aufbau und dem Betrieb von IT-Installationen
Sind die Belange des IT-Sicherheitsmanage-ments dokumentiert?	Voraussetzung für ein wirkungsvolles IT-Sicherheitsmanagement ist eine entsprechende Dokumentation
Werden im Zuge des Sicherheitsmanagements die gängigen IT-Normen berücksichtigt?	ISO/IEC 13335, 17799, 27001 BSI 100-1 bis 100-3
Sind die IT-Sicherheitskriterien dokumentiert?	Sicherheit wird nach Kriterien wie Vertraulichkeit, Verfügbarkeit, Integrität u. a. spezifiziert
Erfolgt nach IT-Sicherheitsschulungen eine unterschriebene Erklärung der Beteiligten?	Die Teilnahme an einer Sicherheitsschulung sollte im Interesse aller Beteiligten dokumentiert werden
Wird die Einhaltung der Sicherheitsvorschriften regelmäßig kontrolliert?	Zur Kontrolle der Einhaltung der Sicherheitsrichtlinien sollte ein Maßnahmenplan erstellt werden

In der Regel sind damit drei Instanzen befasst:

- der Beantragende
- sein Vorgesetzter
- der Freigebende.

Der Vorgang ist zu dokumentieren und nachgeordnete Organisationseinheiten sind zu informieren (Controlling, Einkauf etc.). Verlässt der Antragsteller die Organisation, so werden die Genehmigungen zurück gegeben.

9.3.4 Vertraulichkeit

Ein weiterer wesentlicher Vorgang, um die Sicherheit in Organisationen zu erhöhen, besteht in der Verpflichtung zur Vertraulichkeit. Allgemein ist diese Verpflichtung arbeitsvertraglich geregelt, sodass keine gesonderten Dokumente verfasst werden müssen. Außerdem gelten die Bestimmungen auch für den Zeitraum nach Verlassen einer Organisation. Es gibt jedoch gelegentlich die Notwendigkeit einer spezifischen Vertraulichkeitsbelehrung, wenn Personen es z. B. im Rahmen von Projektarbeit mit hochsensiblen Daten zu tun bekommen. In solchen Fällen kann die Vertraulichkeitsverpflichtung sich auch gegenüber organisationsinternen Einheiten und Personen innerhalb einer Organisation restriktiv erstrecken. Mitunter ist dazu auch die Unterzeichnung eines gesonderten Papiers erforderlich. Dabei muß es sich nicht nur um Daten handeln. Auch Berichte über interne Prozessabläufe lassen Rückschlüsse über Zugangsmethoden, Anwendungen usw. zu.

9.4 Physische Sicherheit

Neben den weiter unten beschriebenen Sicherheitsproblemen in direktem Zusammenhang mit der Informations- und Kommunikationstechnologie existieren die ganz normalen Sicherheitsaspekte bei Gebäuden und Betriebsmitteln, die meistens auch physikalisch gelöst werden müssen.

9.4.1 Objekte

Zu den sicherheitsrelevanten Objekten sind zu zählen:

- das gesamt Areal eines Unternehmens/einer Organisation
- alle Gebäude; hiervon besonders Räume, die direkten oder kommunikativen Zugang zu Rechnersystemen und Kommunikationseinrichtungen zulassen
- Versorgungseinrichtungen
- sämtliche Hardware im Zusammenhang mit Information und Kommunikation, beweglich oder fest installiert
- die nähere Umgebung des Firmengeländes, sofern davon über drahtlose Wege Zugang zu internen Systemen versucht werden kann.

Die genannten Einrichtungen müssen sicherheitstechnisch unterschiedlich abgedeckt werden, sofern eine direkte Einflussnahme überhaupt möglich ist.

9.4.2 Zutritt

Die erste und wichtigste Hürde vor unbefugtem Zugriff ist die selektive Gewährung des Zutritts zu den Einrichtungen einer Organisation. An dieser Stelle sollen dazu keine detaillierten Ausführungen gemacht werden, da es sich bei der Zutrittskontrolle um einen eigenen Wissenszweig handelt. Entscheidend ist, dass unter Ausnutzung der jeweils aktuellen technologischen Möglichkeiten alle Räume, die zentrale Hardware für die Systemanwendungen beherbergen, durch gesonderte Zutrittsmechanismen innerhalb der ohnehin schon praktizierten Gebäudezugangssicherheit abgesichert werden.

In den einzelnen Büroräumen, in denen sich Endgeräte befinden, sollten diese Geräte fest verankert und nach Verlassen des Büros grundsätzlich ausgeschaltet sein.

9.4.3 Bedrohungen

Wie weiter unten im Einzelnen ausgeführt, sind die möglichen Bedrohungen vielfältig und für den Bereich der drahtlosen Kommunikation spezifisch und gehen über klassische Bedrohungsszenarien hinaus. Grob lassen sie sich wie folgt klassifizieren:

- Direkter Zugriff mit der Absicht, zu zerstören bzw. zu stören auf zentrale Hardware
- Ausspähversuche auf zentrale Anwendungen
- Ausspähversuche auf dezentrale Anwendungen
- Manipulationsversuche zentraler und/oder dezentraler Daten
- Einsatz von Malware
- Diebstahl von Endgeräten.

Zu alldem gibt es zahlreiche Facetten, die im Einzelnen betrachtet werden sollen.

9.4.4 Betriebsmittel

Zu den gängigen Betriebsmitteln, die ein Gefährdungspotential bergen können, gehören:

- Zentrale IT-Einrichtungen
- Fest installierte Peripheriegeräte
- Mobile Endgeräte
- Externe Speichermedien
- Kommunikationsbausteine (Modems, Ports, Switches usw.).

9.4.5 Versorgungseinrichtungen

Versorgungseinrichtungen können Gefährdungen erzeugen, wenn sie

- nicht funktionieren oder
- falsch funktionieren.

Zu den ersten gehört die Stromversorgung. Um Unterbrechungen vorzubeugen, sind entsprechende Notstromaggregate vorzusehen. Bei den letzteren kann es sich z. B. um Wasserversorgung handeln, wenn durch Rohrbruch Wassermengen in Rechnerräume eindringen und die Hardware dort gefährden. Für beide Fälle sind Notfallpläne auszuarbeiten.

9.4.6 Entsorgung

Neben den üblichen Entsorgungsvorschriften gesetzlicher Art sind insbesondere für Endgeräte zusätzliche Aspekte der Unternehmens- und IT-Sicherheit zu beachten:

- Vor der Entsorgung sind alle gespeicherten Daten, insbesondere Steuerungsdaten zu löschen bzw. so zu neutralisieren, dass sie auch von versierten Technikern nicht zu rekonstituieren sind.
- Firmenhinweise, evtl. Typenschilder und Inventarlabels sind zu entfernen, sodass Rückschlüsse auf das ursprüngliche Verwendungsunternehmen nicht möglich sind.

9.5 Dokumentation

Hier die wichtigsten Elemente, die in individuellen Richtlinien zu berücksichtigen sind:

- Gegenstand der Richtlinie (z. B. Hardware: Laptop; Software: Intranet ...)
- Beantragungsverfahren zur Nutzung
- Verantwortlichkeit für die Vergabe von Rechten
- Begrenzung der Nutzung und Kosten
- Verbote
- Haftung
- Schäden.

Richtlinien sind allgemeiner Art oder beziehen sich auf spezifische Technologiefelder. Sie gliedern sich in die eigentliche Richtlinie und dann in entsprechende Durchführungsbestimmungen.

9.5.1 Prozesse

Ähnlich wie bei anderen Aspekten des Qualitätsmanagements auch spielt bei der Überprüfung, Einhaltung und Fortentwicklung der nach dem amerikanischen Qualitätsguru Deming benannte Prozess auch in der IT-Sicherheitsphilosophie eine wichtige Rolle. Die Abb. 9.2 zeigt diesen Prozess schematisch:

Es geht immer wieder um den gleichen Zyklus:

$$Systemaufbau > Einführung > Analyse > Verbesserung.$$

Das, was oben angeregt wurde, muss organisatorisch und technisch vorbereitet werden. Dann erfolgt die Einführung unter Einbeziehung aller Beteiligten. Nach einer gewissen Laufzeit werden Erfahrungen gesammelt, die dann schließlich wieder in neue Vorschläge und Verbesserungen in das System einfließen. Und der Prozess beginnt von vorn. Dabei ist zu bedenken, dass die Laufzeitphase nicht mit einer Erprobungsphase gleich zu setzen ist. Vielmehr handelt es sich um einen kontinuierlichen Prozess mit festgelegten Review-Intervallen. Auch geht es nicht ausschließ-

Abb. 9.2 Deming Prozess

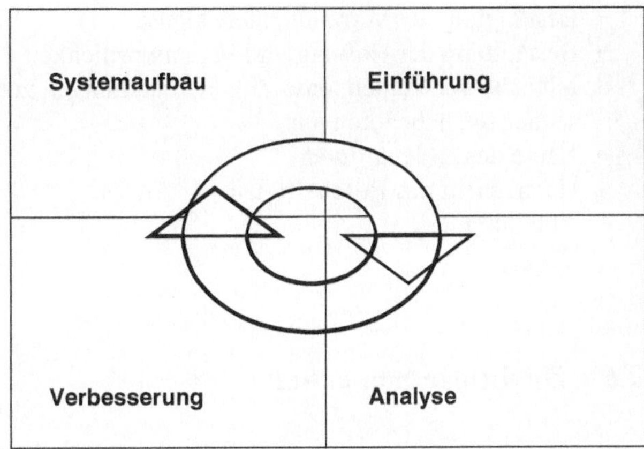

lich um Verbesserungen aufgrund von anfänglichen Design-Fehlern. Vielmehr soll durch den Gesamtprozess sichergestellt werden, dass gerade im IT-Bereich Schritt gehalten wird mit den neuesten technologischen Entwicklungen in Bezug auf Sicherheitsaspekte.

9.5.2 Verbindlichkeiten

Eine Richtlinie ohne sanktionsfähige Verbindlichkeit hat nur den Wert des Papiers, auf dem sie ausgedruckt werden kann. Juristisch gibt es eine Reihe von Möglichkeiten, die Einhaltung einer Richtlinie zu gewährleisten.

9.5.2.1 Zuwiderhandlungen

Anzeige an IT-Sicherheitsbeauftragten

9.5.2.2 Bestätigung der Belehrung/Muster

- Die Richtlinie sollte Teil der umfassenden Sicherheitsbelehrung von Mitarbeitern sein. Im Anschluss kann dann folgende Vereinbarung unterzeichnet werden: ...
- Kenntnisnahme der Richtlinie
- Bitte, lesen Sie die vorliegende Richtlinie und zeichnen Sie unten auf dem Dokument gegen. Eine Kopie mit Ihrer Unterschrift geht an den IT-Sicherheitsbeauftragten.
- Ihr Unterschrift bestätigt:

  - Ich habe die Richtlinie erhalten, verstanden und stimme ihr zu.
  - Bestätigung im Einzelnen der Vorgaben aus der Richtlinie.

- Bestätigung der Vertraulichkeitsklausel
- Bestätigung der Haftung und Verantwortlichkeit
- Ich habe verstanden, dass Zuwiderhandlungen zur Richtlinie rechtliche Konsequenzen haben können.
- Name des Beschäftigten
- Unterschrift des Beschäftigten
- Abteilung
- Datum.

9.6 Drahtlose Sicherheit

An dieser Stelle können jetzt Ausführungen aus den vorhergehenden Kapiteln eingebracht werden, z. B.:

- Freie und geschützte Netze
- WLAN-Generationen
- Sicherheitsanforderungen

  - Absicherung der Verfügbarkeit
  - Sicherung der Datenintegrität
  - Sicherung der Authentizität
  - Sicherung der Vertraulichkeit
  - Sicherheitsrisiken

- PDAs

  - Grundsätzliche Gefährdungspotentiale
  - Strategische Maßnahmen
  - Technische Maßnahmen IT-Sicherheit und Kommunikation
  - Konkrete Gefährdungsszenarien
  - Angreifer im Besitz eines Endgerätes
  - Angreifer nicht im Besitz eines Endgerätes

- Mobiltelefonie

  - Grundsätzliche Gefährdungspotentiale und strategische Gegenmaßnahmen
  - Allgemeine organisatorische Maßnahmen
  - Allgemeine technische Maßnahmen
  - Konkrete Gefährdungsszenarien im Mobilfunkbereich
  - Angreifer im Besitz eines Endgerätes
  - Angreifer nicht im Besitz eines Endgerätes
  - Generelle Vorsichtsmaßnahmen

- Bluetooth

  - Instrumente
  - Gefährdungspotentiale
  - Gegenmaßnahmen.

9.7 Zusammenfassung

Diese Generalrichtlinie ist Grundlage für weitere Handlungsanweisungen, die im Einzelfall für Personenkreise ausgearbeitet werden, die bestimmte Technologien nutzen. Auf diese Handlungsanweisungen sollen Einzelpersonen verpflichtet werden, für die diese Arbeitsbereiche zutreffen. Die Verpflichtung erfolgt nach einer Belehrung bzw. Schulung durch Unterzeichnung eines entsprechenden separaten Dokuments wie oben ausgeführt. Diese Richtlinie selbst dokumentiert die strategischen Sicherheitsüberlegungen einer Organisation, für die sie erstellt wurde und ist damit Teil der IT-, der sonstigen Sicherheitsstrategie und der Unternehmensstrategie selbst.

Bibliographie

IEEE: http://www.ieee.org
IEEE-LAN-Standards: http://standards.ieee.org/catalog/olis/lanman.html
IEEE-Standards-Download: http://standards.ieee.org/getieee802/
IEEE 802.11 Working Group: http://www.ieee802.org/11/
BMWI: http://www.bmwi.de
Regulierungsbehörde: http://www.bundesnetzagentur.de
BSI IT-Grundschutzhandbuch: http://www.bsi.bund.de/gshb

Sachverzeichnis